经济学研究丛书

海派少儿IP创新发展研究

刘峰◎著

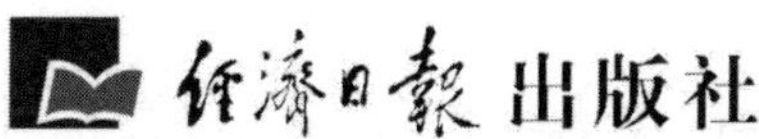

图书在版编目（CIP）数据

海派少儿 IP 创新发展研究 / 刘峰著 . —北京：经济日报出版社，2017. 11

ISBN 978-7-5196-0218-5

Ⅰ . ①海…　Ⅱ . ①刘…　Ⅲ . ①少年儿童 - 文化产业 - 产业发展 - 研究 - 上海　Ⅳ . ① G127.51

中国版本图书馆 CIP 数据核字（2017）第 255939 号

海派少儿 IP 创新发展研究

作　　者	刘　峰
责任编辑	梁沂滨
出版发行	经济日报出版社
地　　址	北京市西城区白纸坊东街 2 号 A 座综合楼 710
邮政编码	100054
电　　话	010-63567691（编辑部）010-63567692（发行部）
网　　址	www.edpbook.com.cn
E - mail	edpbook@126.com
经　　销	全国新华书店
印　　刷	廊坊市海涛印刷有限公司
开　　本	710 × 1000 毫米　1/16
印　　张	11. 5
字　　数	168 千字
版　　次	2018 年 1 月第一版
印　　次	2018 年 1 月第一次印刷
书　　号	ISBN 978-7-5196-0218-5
定　　价	40. 00 元

序　言

随着我国文化产业市场规模的“爆炸式”发展，对优秀作品的需求日益强烈、对运营方式创新的需求也日益迫切。近年来国家多次出台推动文化大繁荣、大发展的指导政策，其中对少儿文化发展的支持力度也持续加大，少儿文化发展迎来了难得的历史契机。

海派文化是中国文化走向近现代过程中出现的极具代表性的地域性文化，同时又带有突出的都市性、国际化特征，在中华文化国际影响力不断提升、“走出去”力度加大的趋势下，海派文化迎来国内市场、国外市场的双重发展机遇。与海派文学、海派电影、海派绘画等“显性”的文化类型相比，海派少儿文化受关注的程度显然与其市场发展潜力不成正比，需要有更多的文化产业实践者、文化理论研究者投身其中，思考海派少儿文化不断发展壮大的策略与方式。

春耕文化艺术交流（上海）有限公司自成立以来始终立足于海派少儿文化的挖掘、原创 IP 的打造和传播工作，在这方面积累了大量的经验。欲基于自身对海派少儿文化市场的把握、对海派少儿 IP 发展前景的认知，总结、探索海派少儿文化 IP 创新发展的理念与路径，为创新海派少儿文化 IP 发展方式做出应有的贡献。我们与上海理工大学网络与新媒体系的刘峰老师达成合作意向，搭建课题组对这一问题进行分析和探讨，希望对这个比较急迫性的课题做出一些实用性的解读。

课题组经过文献整理、案例分析，并把研究的成果整理成书稿。在本书中，将分析海派少儿文化 IP 的发展空间，判断市场对海派少儿 IP 及 IP 化运营的需求。在此基础上，针对多年来对海派少儿文化市场的理解、分析相关实例、结合春耕文化艺术交流（上海）有限公司多年探索的经验及已经得到市场认可的经典作品的分析，探讨海派少儿 IP 创新的发展路径。具体的研究从海派少儿文学 IP、海派少儿电影 IP、海派少儿舞台剧 IP、海派少儿文化园区 IP 等多个方面展开，既有宏观性的战略把握，又有针对具体行业的执行方案，希望能给各界朋友带来有益的借鉴，也希望更多的朋友能够关注并参与到这个课题的研讨中来，共同思考如何打造海派少儿 IP 经典作品，为推动少儿文化事业的发展奉献一份力量。

刘春荣

春耕文化艺术交流（上海）有限公司董事长

目　录

第一章　海派少儿 IP 发展概论

近年来我国少儿文化产业发展迅速，市场份额不断扩大、受众需求多样化特征明显。上海市少儿文化产业不仅在全国占据较大的比重，而且在很多方面处于领先水平，从理念到运营策略方面都具有一定的引领作用，并且在长期发展过程中形成了比较明显的、基于地域性的特点和风格，基于海派文化传承与发展的视角，“海派少儿文化”的理念与实践不断得到丰富与发展。同时，IP 成为当下文化传媒产业的热点课题，IP 化经营成为很多文化项目在策划、运营时需要认真思考与谋划的方式与方法，IP 即 Intellectual Property（知识产权）的缩写，基于 IP 资源重构艺术创作、文化生产、产业运营的方式是近年来文化传媒界的前沿理念，而个性化文化艺术 IP 的构建是其基础与核心。上海文化市场具备 IP 化经营所需要的人才、资本、传播渠道等多种基础要素，为海派少儿文化的 IP 化发展创造了便利条件。本书将从 IP 发展的角度思考海派少儿文化产业发展的现状、前景与策略，对不同形态海派少儿 IP 进行有针对性的思考和解读。

第一节　海派少儿 IP 的研究背景

海派少儿 IP 是海派文化在传承和发展过程中形成的少儿文化产业运营形态，是海派文化的重要组成部分，是上海市少儿文化产业的重要组成部分，在此首先对相关领域的前期研究进行简要梳理，以便更加清晰地认识海派少儿 IP。

海派少儿 IP 所属的海派文化是中国城市文化的典型代表，同许多优秀城市文化一样，都面临着在现代传播环境下的创新传承与发展的问题，上海媒体融合发展、智能传播、文化产业又处于全国前列，在国家文化大发展与上海市"十三五"文化发展规划提出、加快推进媒体融合发展战略不断深入的背景下，海派文化发展方式创新的研究更为迫切。对于海派文化的研究处于多学科交叉领域，传播、社会、经济等多学科都对这一课题给予了关注，比如对上海城市文化构建过程中海派文化积淀与提炼的研究，像研究早期上海电影理论演进对现代城市文化的启示[①]；基于奇观理论、结合海派清口案例探讨海派文化衍生困境和解决方法的研究[②]；运用历史研究方法、结合对上世纪三四十年代上海经典歌曲的分析探讨海派文化生命力的研究[③]等。再如，基于多学科理论对海派文化现代性过程中的问题进行研究，像结合内容性、价值观方面的论证研究海派文化软实力发展中存在的问题。[④]还有学者从媒体融合发展背景下海派文化传播的研究，结合不断变化的传媒环境思考海派文化传承是近年来研究的一个热点，像结合新兴媒体的发展研究海派文

---

① 金丹元：《上海早期电影理论与城市文化建构》，《上海大学学报》，2013 年第 1 期。

② 朱剑虹：《海派清口——城市文化的表演与想象》，《国际新闻界》，2011 年第 3 期。

③ 程云莲：《上世纪三四十年代上海流行歌曲持久传承的归因研究》，《现代传播》，2015 年第 8 期。

④ 陈海燕：《上海城市文化软实力的认同研究》，《上海市社会主义学院学报》，2011 年第 8 期。

化的导向功能[①]；媒体融合背景下结合文化分类、文化融合，基于六个不同的着力点提炼概括海派文化的发展路径[②]；研究如何有效利用世博资源促进海派文化的传播[③]；海派文化传播网络风险防控的研究[④]；基于信息处理模型对提升海派文化传播效率和国际竞争力方法的研究[⑤]；等等。

其中，海派少儿文化产业的研究相对较少，介绍性、报道性、数据性的资料比较多，学术性、策略性、研究性的成果比较少。不过其中关注少儿文化产业及其各种具体形态的研究成果比较丰富，无论是相关书籍还是论文都能够为本研究提供有力的借鉴，存在的问题是立足上海、关注上海市少儿文化产业的研究成果还相对较少，与蓬勃发展的上海市少儿文化市场不相符合。而专门从“海派少儿文化”或者“IP 化”等视角来审视上海市少儿文化产业则更少、基本上处于空白状态，需要更多的从业者、研究者紧跟行业发展的动态与趋势，把握这一前沿课题，尽快进行梳理和总结，使本领域的研究与市场发展形成良性互动。

本书选择 IP 化的视角来审视海派少儿文化的发展，其研究对象也就是“海派少儿 IP”。IP 为 Intellectual Property 之简称，翻译为“知识产权”或“知识财产”，当下我国的文化传媒界更多地从经营思路的角度来理解 IP，在短短数年之内，相关的研究成果不断涌现出来，比如从经济学角度、结合文化产业发展热点进行的深入研究，如从资产属性对知识产权进行解读[⑥]，从包

---

① 朱娅婷：《新媒体环境下公共场所的影像传播与城市文化构建》，《理论研究》，2015 年第 1 期。

② 施福平：《当前上海文化发展的六个着力点》，《上海文化》，2013 年第 13 期。

③ 花建：《后世博文化遗产与上海文化产业发展研究》，《科学发展》，2011 年第 6 期。

④ 陈叙：《城市文化的网络建构与传播路向探析》，《中共四川省委党校学报》，2015 年第 9 期。

⑤ 高山冰：《电视与新媒体融合背景下城市形象传播研究》，《文化产业研究》，2015 年第 2 期。

⑥ 龚大春：《论知识产权的资产属性》，《当代经济》，2015 年第 4 期。

含要素和内在结构方面思考知识财产的发展。[①] 因为 IP 化经营、IP 化发展逐渐成为一种理念和方式，在传媒、文化领域得到广泛应用，相应的研究成果也逐步增多，早起的研究多从版权“保护”的立足点出发、进而思考全媒体、价值链运营，如从互联网精神层面对版权管理制度做出反思[②]、探讨广电集团全媒体产业链运营的问题与对策[③]等。随着 IP 化运营案例的增多，学术界研究的重心也从版权“保护”转到“运营”“盘活”“发展”，如中国电视节目版权的历史建构[④]、分析视频网站和电视台网站的未来发展路径探析[⑤]，开始从传媒产业转型、升级的角度梳理版权运营里程、思考发展路径。进入 2016 年，关于 IP 化发展的高质量研究成果开始增多，并且在不同的专业细分领域都有收获，比如关注网络文学与视频产业的融合发展、对“互联网 +”背景下网络 IP 剧传播现状的研究[⑥]，以场域理论为基础、探讨网络文学 IP 价值的跨界开发策略[⑦]，再如基于对流行文化、粉丝经济与媒介融合的思考，探讨数字出版 IP 化经营路径的创新[⑧]等。

上述海派文化、少儿文化产业的研究为本书提供了基本背景，关于 IP 化的相关研究为本书提供了对象、思路、方法的借鉴。“海派少儿 IP”成为

---

① 朱继胜：《论知识财产的内在结构》，《广西民族大学学报》（哲学社会科学版），2014 年第 7 期。

② 张大伟：《数字版权：互联网精神和版权管理制度》，《国际新闻界》，2009 年第 9 期。

③ 王蕾：《广电集团运营全媒体产业链的问题与对策——以湖南广电集团为例》，《传媒》，2015 年第 8 期。

④ 张韵：《中国电视节目版权的历史建构——以综艺节目引进为例》，《新闻大学》，2015 年第 5 期。

⑤ 申玲玲：《视频网站和电视台网站的未来发展路径探析》，《中国广播电视学刊》，2014 年第 9 期。

⑥ 张允：《“互联网 +”时代网络 IP 剧的传播研究》，《现代传播》，2016 年第 6 期。

⑦ 向勇：《场域共振：网络文学 IP 价值的跨界开发策略》，《现代传播》，20116 年第 8 期。

⑧ 陈守湖：《IP 出版的考察——流行文化、粉丝经济与媒介融合》，《出版发行研究》，2016 年第 4 期。

一个带有一定前沿性、复合性特征的概念，它具有多层含义：第一，海派少儿 IP 是一种文化产品形态，比如儿童剧《水果家族》是一个具体的海派少儿戏剧 IP 产品，观众可以在剧场购票欣赏。第二，海派少儿 IP 是一种文化传媒运营方式，比如春耕文化艺术交流（上海）有限公司培育、打磨《水果家族》的剧本之后，不仅在剧场进行儿童剧表演，还以此 IP 为基础进行了多元化的运营，包括同名手机游戏的打造、在崇明岛建设《水果家族》亲子园区、拍摄相关的微电影、开展少儿演员培训、去新加坡做演艺交流等。这种围绕同一内容进行多元化发展的运营方式就是当下文化传媒界的 IP 经营。第三，海派少儿 IP 是一种产业形态，随着不同类型的海派少儿 IP 产品在市场上形成一定的规模、在消费者心智当中占据某一个特定的“类别”，比如当海派少儿文学 IP 的种类和份额不断提升，那么“海派少儿文学 IP”便具有了产业形态层面的意义，可以运用各种经济学的研究方法对其进行审视，也需要采用文化产业运营的策略推动其进一步发展。

在此需要强调的是，“海派”是一个包容性的概念，其界定的标准以地域性为重要参考但是并不唯地域性，也就是说并非从地理位置上从属于上海或者周边才是“海派少儿 IP”；我们更加看重的是上海市少儿文化产业创新发展的维度，立足上海、具有海派风格与气度、追求少儿文化产业创新、探索 IP 化创新的少儿 IP 内容都会被纳入本书的研究视野，在对比、分析当中思考各种形态海派少儿 IP 的创新发展路径。

第二节　海派少儿文化 IP 化发展的必要性

少年弱则中国弱，少年强则中国强。当今我们都有一个中国梦，中国梦的内在要求就是完成国家富强、民族振兴、人民幸福的伟大目标，中华民族的伟大复兴离不开青少年的茁壮成长，少儿文化是人类智慧中亮丽的一笔，为加强国家文化安全，巩固民族文化传承，实现中国梦，我们应当从娃娃抓起，为少儿提供优秀的文化产品是为他们创造良好成长环境的重要工作。

儿童充满活力与朝气，是初升的太阳，是国家强盛和民族团结强大的未来和希望。归根到底，现在的儿童就是下一代的中坚力量，中国梦这个伟大的历史任务会交到儿童少年的身上，少儿文化既是中华民族优秀传统文化的最终继承人，又是中国梦的归宿。日益受国人关注的民族文化安全问题，很大程度上需要靠少儿文化去扭转。在全球化背景下，国与国之间的经济文化交流日益频繁，喧闹之中暗流涌动，意识形态的输出、强势文化的渗透伴随而来，世界范围内各国媒体都在努力争取儿童和未成年人的注意力，寄希望扩大在这个群体中的影响力。上海处于中国东部先进的沿海地带，经济发达、文化多元、信息丰富，在这样一个资讯爆炸的复杂环境中，海派少儿文化 IP 经受着古老与新奇、传统与创新、民族与世界各种元素的撞击，海派少儿文化从业者从来都不能停止思考一个重要问题——面对强势文化的侵入，我们该如何保持少儿文化中的民族主体独立性。

当传统媒体遭到新媒体的猛烈冲击的时候，海派少儿文化 IP 尚未做好转型，随着电脑、手机和 PAD 等移动互联网终端的普及，海派少儿文化 IP 价值受到侵蚀，长久以来我们宣扬节俭勤劳、爱国敬业、诚信友善和知恩图报等优秀传统思想，很大一部分被网络中血腥报复、自私自利、贪婪懒惰和色情暴力等垃圾文化所覆盖。当好与差，优与劣摆在这些身心尚未完全成熟的儿童面前，他们很难做出一个正确的选择，在一些不良文化的诱惑下，他们的人生观、价值观和道德标准容易崩塌，这些都给儿童的成长带来了很大的困惑，当人们感慨儿童早熟、青少年犯罪问题时，我们更多的应该去思考如何缓解和解决少儿文化与成人文化的矛盾。成人作为社会的中流砥柱，其文化同样表现出强势地位，儿童是在成人文化的环境中成长，儿童的知识也是通过成人或成人文化的实践和间接经验来获得的，所以当今儿童的行为举止日益成人化，少儿文化与成人文化也日益趋同，这样产生的一些负面后果就是，当两种文化产生冲突的时候，成人文化压制少儿文化，更严重的是部分成人的不健康内容污染质朴、纯净的少儿文化。

可见，海派少儿文化 IP 面临的形势是很严峻的，改善少儿文化的生存

和发展环境，为儿童创造一个健康向上的氛围有着重要意义。海派少儿文化 IP 从业者、学者、教育领域的专家及社会各界齐心协力，利用好市场的资源配置功能，提升社会各界对发展海派少年少儿文化产业发展的意识，同时培养从多元化、个性化并重等方面发展文化的意识。作为一种特殊的文化创意产业，上海少儿文化借力高科技，依靠着专业人才，对少儿文化资源开展创造性的生产和改善，运用好知识产权这把有力的武器，产出高溢价产品，有着广阔的市场空间和强大的发展潜力，对升级产业结构、改善经济发展方式有着积极的促进作用。而正如第一节在文献梳理和分析中所发现，目前面对少儿产业转型发展的压力以及 IP 化理念在文化传媒领域的快速推广，专门、深入研究少儿 IP 的成果却相对很少，无法回应文化产业发展对业界运营以及学术研究提出的迫切问题，所以加快海派少儿文化 IP 化发展的实践与研究都具有很强的必要性。

第三节 海派少儿 IP 的特征与类型

在本节中，将对海派少儿 IP 的特征与类型予以分析，这是后续章节针对不同类型进行具体化研究的基础。海派少儿 IP 是一个具有前沿性、复合性特征的概念，整体来看，其特征是由“海派文化”“少儿文化产业”“IP 化经营”三个核心领域的融合作用和发展所决定的。根据不同的标准，海派少儿 IP 可以被分为不同的类别和形态，而在本书中为了便于研究与传播，采用与行业运营同步的思路，根据不同的文化产业形态来区分海派少儿 IP 的类型。

一、海派少儿 IP 的特征

1. 海派少儿 IP 特征解读的维度基础

海派少儿 IP 的特征由“海派文化”“少儿文化产业”“IP 化经营”三个

核心领域的融合作用和发展决定，而这三者也成为解读海派少儿 IP 特征的基础维度。在第一节的文献分析中对近期“海派文化”和“IP 化”的研究成果进行了梳理，可以发现“海派文化”是理解“海派少儿 IP”外在风格特征的基础，而“IP 化”则是理解“海派少儿 IP”动态、发展特征的基础，而“少儿文化产业”则是理解“海派少儿 IP”内在核心特征的根本。

因为前文已经对“海派文化”的外在特征维度和“IP 化经营”的动态发展维度进行了比较详细的梳理，在此着重对“少儿文化产业”这一核心维度做出解读。首先，海派少儿 IP 以少儿为目标受众，其又可以细分为少年和儿童两大群体，“根据联合国 1990 年《儿童权力公约》规定，儿童指的是 18 岁以下的任何人，即 0—18 岁的未成年人。从对少儿概念的界定中，可以知道少儿文学是供 0—18 岁少儿读者阅读或亲子共读的文学作品。根据国家统计局 2015 年的人口调查数据显示，我国目前 0—14 岁的人群共有 22715 万人。由于统计数据将 15—18 岁人群归纳到了 15—64 的范围中，所以 15—18 岁的人群具体有多少不得而知。但仅看 0—14 岁的少儿群体，我国的少儿文学市场是也是十分庞大的”①，因为以少儿作为受众群体，所以海派少儿 IP 从策划、内容生产到传播都需要充分考虑不同年龄段少儿的心理特征与需求，需要主动承担更多地引导少儿健康成长的社会责任。

其次，海派少儿 IP 为“文化”为核心，海派少儿 IP 是少儿文化产业发展的前沿形态，文化仍然是其需要把握的最核心维度。文化是一个特别广的概念，从古至今很多人讨论它，关于文化的定义大家各抒己见，目前通过文献整理可以发现上百种相关的定义。正如钱穆所说：“‘文化’这两个字，很难下一个明确的界定。通常人们谈论文化，指的就是人类的生活，人们种种存在的状态汇总起来，称之为文化……因而从这个意义上任何文化，一定存在时间上的绵延精神。”② 种种存在过的生活痕迹，经过历史长河的积淀，成

① 参考：黄云姬：《我国少儿文学图书出版现状及思考——基于 2009—2014 年儿童图书出版统计数据的分析》，《出版科学》，2016 年第 1 期。

② 钱穆：《中国文化史导论》，商务印书馆，1994 年版，第 231—232 页。

了这个民族的全部生命，形成了这个民族的文化。

“我们对文化本身要做一个更具体的了解，把它分成三个系统：一个认知系统、一个价值信仰系统、一个审美系统”[①]，在不同的历史时期、地域范围内、面对生产生活中不同的任务与需求，人们会不断创造、积淀，并通过社群的情感模式、思维模式和行为模式表现出来，形成得到不同规模的社群所普遍认可的认知世界的方式、不断传承的价值观念和独特的审美标准。从这个角度来看，文化固定下来就是知识，可以供后人来学习、继承和推广，文化发展就是知识内容、形态的创新和丰富。具体到海派少儿 IP，“海派”之所以是决定其外在特征的维度，就是因为海派文化在多年的积淀中形成了独特的地域性、群体性特征，具有较高的辨识度；而“文化”的维度也要求海派少儿 IP 不断推陈出新，通过自身的进步推动文化的发展。

再次，对产业维度的重视是海派少儿 IP 的内在要求。海派少儿 IP 是文化产业的重要组成部分，文化产业的术语、概念产生于 20 世纪初，因为国情、文化背景和研究目的存在差异，各个国家和地区对文化产业的定义有着不同的理解；比如美国没有文化产业的说法，类似的是版权产业，涵盖了新闻、音像唱片、影视业和艺术娱乐等，是从知识产权的视角来分类；这种理念对本书的 IP 化发展有较强的借鉴意义。日本业界则用娱乐观光业代替了文化产业的提法，包括传统的新闻出版、演出和会展，还覆盖文娱体育活动等，任何与文化有联系的产业都属于娱乐观光业，强调内容的精神属性。

IP 化运营的题中之义便是优秀文化资源与 IP 的价值延伸与最大化的过程，因为少儿文化本身便潜藏着巨大可以挖掘的文化价值，一旦放置于市场的大环境中，市场开始发挥资源配置的功能，少儿文化的产业化便水到渠成。在英语中“产业”和“工业”都可以使用“industry”，这无疑是一个有趣的现象，工业在经济学当中被解释为收集原料并制作成产品的工作和经过；产业则是指具备不同分工的、利益彼此联系、由各个有关联行业构成的业态总称。因此，产业与工业之间是紧密联系的，内容资源作为文化产业的

① 周熙明主编：《中央党校学员关注的文化问题》，中共中央党校出版社，2010 年版。

原料，文化的产业化就是采集内容资源，将概念的文化物质化、实体化和产品化的过程。

作为一种市场行为，经济效益是文化产业的原动力，在将观念上的资源产品化和实体化后进入销售环节，需要实现利润。产业化是指对具备相同属性的公司进行组织和集合，完成从数量到质量的转变，当集合水平达到一定程度，成为了国民经济中一个重要组成部分。文化的产业化是将想法、概念和价值转变为一种产品和服务，给社会大众供应文娱活动和相配套活动的集合。如何在这个过程中不断提升产业化水平是海派少儿 IP 在发展中需要解决的实际问题，而这个问题也成为决定海派少儿 IP 特征的重要维度之一。

2. 海派少儿 IP 的特征

基于不同的维度来审视海派少儿 IP，能够形成对其特征的不同认识。在此以上述几个标准为限定、整体性地分析海派少儿 IP 的特征。

第一，海派少儿 IP 以表现、塑造少儿精神世界为核心。经济效益是一个产业发展的动力，少儿文化产业同样如此，但是因为少儿是海派少儿 IP 的目标受众群体，所以必须格外注意 IP 运营对于儿童成长的影响，所以，优质内容的创作在一定程度上比单纯追求经济效益更为重要。“文化产业以文化内容为核心，为满足人们的精神需求而进行的创作、制造、传播、展示等文化产品的生产活动……”① 内容是海派少儿 IP 的核心资源，没有内容，没有好的精神内涵，就是无根的浮萍。大众传播有一项非常重要的功能——社会传承与教化功能，大众传播对于个人成长深远而重大的影响，曾经的“电视人”到现在的“电脑一代”“手机一代”，与媒介接触时间的急速增长更应当重视青少年接触内容的质量，这些内容的开发创造应当能使儿童在消费过程中得到心灵的美化和一定的启迪。

当下少儿文化领域的粗制滥造应当引起我们的注意，少儿文化市场上的基本问题是同质化、过度的无序竞争，如果深入考察还会发现内容过度娱乐

① 严三九、王虎：《文化产业创意与策划》，复旦大学出版社，2008 年 6 月版。

化，浮躁与粗鄙，孩子们所需要的不是形式化的模仿或者不同内容的直接抄袭，海派少儿 IP 需要体现少儿创造性与个性化的要求，不应该完全成为流水化的工厂产品。所以，虽然还存在很多需要解决的问题，但是“以表现、塑造少儿精神世界为核心”是海派少儿 IP 在发展过程中的重要目标，也是其显著的特征。

第二，“海派 + 少儿”成为海派少儿 IP 的重要特点。“海派文化”在我国文化领域是一个比较特殊的存在，一方面它是与“京派文化”并称的具有高辨识度、自成一派的文化类型，是与“齐鲁文化”“巴蜀文化”“岭南文化”并行的地域文化；但是另一方面，海派文化成长时间短、文化“根基”浅，这一点也使其饱受批评。不过无论如何，在文化产业大发展的时代背景下，因为上海市经济、社会发展在全国甚至全球所形成的影响力，带动海派文化、海派风格的推广和流行，即使仅仅是外在的、标签化的宣传，也能够成为文化市场上不可忽视的一道风景。海派文化之所以姓海就是因为它的海纳百川，在继承了华夏文明基因的基础上，融合中国江南传统文化，汲取消化不少先进的西方文化因素，它的基本特征就是具有开放性，不夜郎自大、不固执己见、不排斥先进、不否定时尚，海派少儿文化 IP 同样具备这样优良的传统。在此背景下的海派少儿 IP 将融合“海派文化”与“少儿文化”的特征，在“海纳百川”的过程中完成新的细分文化形态的培育和发展。

第三，标准化与个性化的平衡始终伴随海派少儿 IP 的发展。“标准化与经济性是现代文化产业的两个重要特征，文化产业可概括为依据工业标准，进行生产、再生产、储备及分配文化产品及服务的一系列活动”①，良好的经济效益是一个产业发展的动力，大量资本涌入少儿文化市场，正是因为这个市场存在着广阔的发展空间，通过制定合适的战略和市场营销策略，是能够获得可观的利润空间；另一方面，少儿文化市场正是借鉴了其他商业模式的生产、销售、经营和推广经验，从无到有演变成一个大产业，自然

① 赵星：《我国文化产业集聚的动力机制研究》，南京师范大学 2014 年博士学位论文。

而然儿童产品同样具有了其他产业共同特征——统一性、集聚化、专业化和连续生产。

可见，借鉴工业生产而来的标准化，是海派少儿 IP 实现规模化发展的基础，只有标准化生产才能够便于实现市场化的运作，进而实现文化产业增值。但从文化发展本质上来看，需要各种个性化的文化产品与类型的不断涌现，才能够推动文化事业的繁荣，这是海派少儿 IP 在发展中始终需要处理的问题，即如何平衡才能不至于使标准化的市场运作要求伤害个性化的少儿文化创造力。同时，文化的发展需要不断吸收其他的营养，在交流、沟通、发展之中得到进步，产生新的文化产品，然后在进入新的一轮交流、学习、创新的过程，这个观念充分考虑到产品生产战略的整体性，从产品的开发，这样一个吸收信息，生产产品后搜集市场反馈，再不断改进的过程。在动态发展中，个性化与标准化的平衡对运营者是更大的考验，这一特征将伴随海派少儿 IP 发展的全过程。

第四，以 IP 为核心的产业链整合式发展是海派少儿 IP 发展的核心路径。

"'链条——产业'化是海派少儿文化产业的重要特征，它将海派少儿文化产业与一般儿童产品生产区分开来"[①]。举个生活中的例子，一个儿童在陪着父母逛街的时候或者玩平板电脑看电视的时候看到了一个可爱有趣的卡通人物，他第一眼就喜欢上了，并对此表现出浓厚的兴趣，他会特别注意这个卡通人物的相关产品和信息，他会问爸爸妈妈这个卡通人物的来源，爸爸妈妈也许会从这个卡通人物展开，与孩子讨论有联系的成语、动画歌曲和儿歌学习光盘等，还可以帮孩子在网络上找到卡通人物的音乐、电子书、视频、直播频道等，在商店里能购买到小书包、钥匙扣、钱包、衣服帽子和人物形象小礼品等周边产品，在剧场里边还能看到卡通人物的相关剧目……所以，海派少儿 IP 需要为少儿提供全方位的文化服务，而不是拘泥于某一个单一的形态。基于核心、优质文化内容的产业链整合、延伸是 IP 运营理念的体

① 杨延丽、郭雪、黄子轩：《少儿文化产业定义初探》，《新余高专学报》，2009 年第 10 期。

现，在海派少儿 IP 的发展过程中，会出现越来越多内容形态延伸、产业链条整合、文化规模化发展的案例。

二、海派少儿 IP 的类型

如上文所述，本书对于海派少儿 IP 的分类借鉴文化产业类型的划分标准，以便使不同章节的分析具有更强的针对性，也能够给各种不同类型提供有益的借鉴。对于文化产业的分类，不同的研究者也有不同的表述，有学者从价值链的角度进行区分："从价值链角度将文化产业分为生产、销售和服务三大类：一是包括报社、出版社、杂志社、影视制作公司和工艺品厂等；二是包括音像制品店、旅游用品店和书画商店等；三是包括图书馆、游乐园、影剧院等文化娱乐服务业"①，也有很多学者从传播形态的角度对文化产业进行分类研究，比如将其分为"纸质传媒领域、广播电视领域、网络传媒领域、动漫领域、广告领域、休闲文化领域、艺术、体育及其他领域"②。在此结合并参考文献中多个学者的研究成果，根据文化产业的行业类别及特点将海派少儿 IP 分为以下几种类型，并以此作为后续章节进行分类研究的依据。

（1）海派少儿文学 IP

（2）海派少儿戏剧 IP

（3）海派少儿电影 IP

（4）海派少儿电视 IP

（5）海派少儿动漫 IP

（6）海派少儿出版 IP

（7）海派少儿游戏 IP

（8）海派少儿文化园区 IP

① 花建：《产业界面上的文化之舞》，上海人民出版社，2001 年版。

② 欧阳友权：《文化产业概论》，湖南人民出版社，2007 年版。

（9）海派少儿培训 IP

（10）海派少儿活动 IP

（11）海派少儿涂鸦 IP

（12）海派少儿网络 IP

第四节　海派少儿 IP 的发展维度

海派少儿 IP 现状的分析及对策的思考是本书的落脚点，在后续的章节当中，将分门别类、针对不同的海派少儿 IP 类型进行探讨。在本节中将对后续章节思考、分析的维度进行梳理，即后续各章节的将从以下几个维度展开思考不同类型海派少儿 IP 的发展策略。

1. 海派少儿 IP 人才培养与储备维度

未来竞争归根到底就是人才的竞争，如果想要把海派少儿文化 IP 做大做强，一定要重视专业人才的培养。

（1）创新海派少儿文化 IP 专业人才培养方式

“海派文化的传承与发展开始面临诸多新的挑战，从内容的提炼到形式的创新，从运营思路的发展到传播途径的整合，都需要紧跟时代的步伐。而创新型文化传播人才的培养是这项系统工程的核心”①，海派少儿文化 IP 人才十分缺乏，高校培育出来的人才无法满足市场需求，一方面可以实施校企合作，高校和儿童海派文化产业的相关公司积极合作，努力做到资源共享、优势互补，设置相关课程，请产业中的实干家来学校开设讲座论坛，实践中国高等教育改革开拓精神，抓住市场的发展趋势，推进教育教学改革，开展专

① 刘峰、邹阳阳：《浅析移动互联时代的海派文化传播人才培养路径》，《新闻传播》，2016 年第 11 期。

业精品课程，建立产、学、研一体的培养机制，打造高水平的海派少儿文化IP人才；另一方面培养人才的综合素质，伟大的思想家查理芒格极力提倡高校学生应当具有跨学科思维，当今这个时代狭窄的知识面和单技能已经无法适应社会的需求，比如文化产业的研发岗位人员，他需要懂得美学相关知识和技能，不仅需要较强的手工设计能力，还要掌握心理学、教育学和传播学等学科背景，高校应该完善学科的科学合理的专业布局，拓宽学生的理论视野，加强学生的自然科学和人文艺术素养，帮助学生成为既懂文化产业理论基础，又懂市场运作的复合型人才。

（2）在打造专业队伍的基础上，抓住契机、推动产业发展

首先，我们要注重海派少儿文化IP的培训内容，从儿童这一个特殊群体实际情况出发，向受训人员讲解儿童这个阶段独特的生理、心理特点，他们的娱乐、情感需求，成长和发展必备条件。“对产业链上的公司而言，知己知彼，才能百战不殆，了解儿童的方方面面，是进行研发、生产和推广等产业各个环节的基础。其次，要从少儿文化的内涵、本质入手，进一步提升从业人员的水平。少儿文化指的是儿童与同类在日常交流中，采用相适应的思维和行为方式来决定这个群体价值和准则的文化”[①]，少年少儿文化具有强烈的个性，它是一种自由的文化，是一种创造的文化，是一种平等的文化，儿童可以这种文化中自由奔跑，天马行空和天真烂漫，所以通过与成人文化的对比，可以看到少儿文化与其存在密切的联系，也有很大差异，需要相关的创作者、传播者全面、明确认识少儿文化IP的特点、发展要求。再次，行业从业人员既需要大局观念，又需要微观视角，对产业的发展历史、现状、问题与趋势有清晰了解，了解这个时代的最新科技对行业产生的潜在影响，了解行业的最新动态，了解上下游产业链的生存和发展状况。最后，在培训时间上进行科学统筹安排，将公司部门任务分为长期任务和短期任务，根据总任务的要求把培训分为短期专项培训和长期提升培训；在培训主体上不拘泥于条条框框，行业公司内部的月培训、年度培训等，高等院校开设课

① 裘指挥:《理解少儿文化》,《学前教育研究》，2008年第6期。

程、举办讲座、专业实践培训或游学等，行业协会举办产业峰会、学术论坛或交流大会等；在培训平台上与时俱进，博采众长，既发挥传统媒体的优势，又可以采取手机、网络直播等新媒体形式和 AR、VR 等前沿科技，对产业发展和趋势进行广泛宣传，与感兴趣的受众群体有效互动。

2. 跨学科、跨行业的海派少儿 IP 合作运营维度

网络技术和通讯手段的迅猛发展，信息的传播越发快捷迅速，突破了空间和时间的限制，网络的存储空间更加海量，这些都是海派少儿文化 IP 实现大发展所面临的大背景，是一个重要的发展机遇，能够为产业成长提供广阔平台。通过这个平台，开展形式各样的交流合作。首先，与合作企业联合举办网络策划营销活动，扩大活动影响力，增大潜在消费者群体的范围，增强活动吸引力，提高双方的知名度，达成双赢局面。少儿文化产业调研结束后，应综合考量市场情况和策略推广，再达成企业间的合作意向，优势互补，整合双方的资源，实行强强联合，利用彼此的网站开展宣传，或者借助业内某个知名网站平台，并开设网上交易通道，提供在线咨询服务，能够在短期扩大影响力，快速达到预期的活动目的。其次，在适当的时机建立企业网络互助联盟，以交换链接形式开展合作，即分别在自己的官方网站上提供友商的企业名称，并设立进入友商网站的超链接，“用户可以做到信息的非线性跳跃，从一个网站进入友商的网站，这是一个双赢的措施，产生了互相推广的作用，增大了双方官方网站的流量”①，“海派少儿文化 IP 内部的诸多企业，及其支撑企业等相关性企业之间，都能采取这类方式合作，不仅扩大了宣传范围，而且加强了商业联系，促使整个产业链的完善和健康发展”②。再次，产业内部的公司彼此信息共享，开设技术交流会，通过

① 朱超、梁亚军、熊长芳：《浅谈网站的推广策划》，《化学工业与工程技术》，2007 年（S1）期。

② 李叶叶：《少儿文化产业的发展策略研究》，《哈尔滨职业技术学院学报》，2011 年第 9 期。

建设行业论坛、建立日常交流群、发送电子邮件、召开网络会议或是采取网络直播的方式，释疑解难，做到资源共享、信息共享、理念共享，有利于行业间良性竞争的产生，打开行业发展的天花板，为海派少儿文化 IP 创造更广阔的空间。

拓展行业发展与增长路径，提升多元化交流和合作的广度。海派少儿文化 IP 的长期、持续健康发展需要多方资源的整合、需要社会各界力量的共同参与，要鼓励产业链中的公司、高等院校的相关专业和相关行业协会等加强交流与合作，产业链中的公司提供社会实践机会，提供内部的月培训、年度培训等；高等院校开设课程、举办讲座、专业实践培训或游学等；“不同地域的行业协会发挥人脉资源广、号召力强的优势，拓展交流合作平台，加强协会之间、企业之间的联络沟通，共同推动招商引资进程，并实现信息资源共享，通过发行出版物、举办产业峰会、学术论坛、举办典型经验交流会等多途径加大宣传力度，围绕产业发展做好配套服务，提高地方经济发展水平”[①]。多管齐下，从不同角度以不同角色身份去探讨如何促进海派少儿文化 IP 的健康良好有序地发展，针对存在的问题提出合适的建议和措施，多方力量和资源之间要实现深入交流与通力合作。

3. 海派少儿 IP 核心竞争力培育维度

（1）推动海派少儿 IP 品牌化发展

“实施品牌战略有助于提升我国文化产业的整体竞争力和整合文化产业资源。当前，我国文化产业在实施品牌战略的过程中还存在着企业品牌战略意识不强，缺乏自主优势品牌、品牌战略实施力度不足以及缺乏政府相关政策的支持和引导等问题”[②]，品牌通过一定的方式促使消费者对商品产生关联，在传播的过程中为商品带来新的价值，是市场上茫茫商品“万花丛中一

---

① 李叶叶：《少儿文化产业的发展策略研究》，《哈尔滨职业技术学院学报》，2011 年第 9 期。

② 田子露：《我国文化产业品牌战略实施策略研究》，《商业经济》，2017 年第 2 期。

点绿”，是区别竞争对手的一种方式。[①]品牌作为一种识别标志和精神象征，体现了对优良品质的重视，当人们的收入提高，生活富裕起来，对生活质量会有更高的要求，再购置家庭用品时会偏向品牌产品，尤其是当涉及到儿童的相关用品，会更加斟酌。现代社会家庭结构产生变化，由大家庭逐渐演变为三口之家、四口之家，儿童消费占整个家庭消费支出的比重日益提高。中国自加入 WTO 后，国外品牌在很多行业占据了大量份额，尤其是高端市场，国产品如果想扭转这个趋势，就必须实施品牌战略，打造自主品牌。首先，增强自主创新能力，掌握核心技术，摆脱低价复制模式，脱离为他人贴牌生产之路，借鉴西方先进的技术和管理经验，将这些科学的经验融入到自己的生产和管理中，并在生产、资本、技术设备、创意设计和本土化管理等方面保障到位。其次，在全球化的浪潮下坚持民族特色，民族的才是世界的，深耕品牌文化，打造富有民族特色和时代特色的少儿文化品牌，深入研究少儿文化特点，挖掘现代文化内涵价值，体现文化的传承性、包容性和差异性，提升儿童品牌价值，走民族特色之路和先进管理之路。最后，重视品牌的市场营销战略价值，科学的市场营销战略能够做好自己的定位，找到准确的消费者受众群体，塑造良好的品牌形象，建立起消费者对品牌的忠诚度，有助于帮助企业进一步开拓市场。

（2）提升产业链完善程度，推动海派少儿文化 IP 全面发展

作为经济学的基本概念，产业链指的是各个产业部门按照一定的逻辑关系和时空构成关系，以及依据技术上的特定联系客观形成的链条样式。[②]文化产业链由价值链、企业链、供需链和空间链四个部分构成。在文化产业范围内，价值链分为两部分，一部分是包含文化产业生产、策划和销售等基本活动，另外一部分是指人力资源、技术和原料供应等支持活动；企业链指的

① 申红彬：《市场营销中的品牌战略研究》，《中小企业管理与科技》，2010 年 12 月（上）。

② 李运祥：《文化产业链的培育与优化研究——以湖南为例》，《中国集体经济》，2009 年 2 月（上）。

是文化产业相关公司综合运用资金、技术和原料等流动性元素，在市场过程中自发形成的企业链条；供需链则是一个有生命周期的流程，它包括物料、讯息、资金和知识流；空间链是文化产业在不同地区的分布。海派少儿文化 IP 可以从这四个方面去借鉴发展，比如在价值链方面，微软及 windows 系统经常被看作驱动了一条产业链的公司和产品的典型。很多其他商业软件都是在 windows 操作系统的基础上开发的，换言之，其他公司到达消费者的入口被微软掌握着，因此可以说微软控制了一条价值链。假如某个公司经过提供自己产品或服务，创造了行业里的一个平台，为其他公司带来便利而形成一条价值链，比那些试图在这个行业通吃的公司，有更大几率提升自己的市场份额。“除此之外，文化产业链开发还有一般性原则，即内容为主原则、品牌项目为先导原则、产品链秩序至上原则、开发与保护原则的同时”①，在海派少儿文化 IP 发展过程中要用产业链的思维进行统筹和布局，不仅要对整个产业链条上的每一个环节进行整体规划，积极打造具有文化内涵和个性化特征的文化产品，形成文化产品的影响力、产业链上下游之间的整理活力、整个海派少儿文化 IP 的辐射力。打造出一批具有市场效应的优质文化产品，并且要向上和向下延伸，比如海派少儿文化动漫 IP 的打造，可以由动漫音像和书籍，延伸到童车、童装、玩具等其他儿童用品。

4. 海派少儿 IP 的资本创新利用维度

海派少儿文化 IP 作为一个竞争激烈的市场，行业中的公司若要寻得立足之地，必须要加大资金投入，而资金投入仅仅靠自身的原始积累或是政府的补贴是很难得到满足，海派少儿文化 IP 必须要学会和资本打交道，中国 A 股市场有奥飞动漫、邦宝益智、骅威科技等多个少儿文化产业公司上市，这些都是文化产业公司学习融资的榜样。“企业自身要扩大融资渠道，而地方政府要深入落实国家关于建立健全多元化、多层次、多渠道的文化产业投

① 王俞波：《浅谈文化产业链的开发与设计——以〈百家讲坛〉为分析个案》，《世纪桥》，2008 年第 6 期。

融资体系的政策和公共服务体系。政府应鼓励银行类金融机构积极开展少儿文化对上海企业信用产品的开发，提高少儿文化企业信贷份额，鼓励非银行金融机构和上海少儿文化产业企业对接”[①]；支持国有性质的出版或文娱公司进行股份制改造；引导和鼓励社会资本投入上海少儿文化产业；鼓励通过上市、兼并、重组和参股等资本运作方式，解决海派少儿文化 IP 公司的资金短缺问题，这不仅是壮大海派少儿文化 IP 的重要手段，也是改造升级的一种发展趋势。

5. 海派少儿 IP 的配套维度

知识产权在现代商业社会中十分重要，它包含专利发明、名称、标志和视觉设计等，产权所有人享有其创造的财产受保护的权利。完善落实海派少儿文化 IP 相关产权制度，要从多方面入手：一是在制度上做好保护措施，以知识产权制度运用为重点，增强知识产权保护的工作力度，同时还要健全国内少儿文化产业的知识产权机制，不断提高在知识产权领域的立法水平、执法水平等，对执法人员进行培训，从细节入手改善我国知识产权保护环境，通过执法来表明对海派少儿文化 IP 从业人员支持的决心，帮助他们创造出更多的知识产权成果；二是构建相应的政策体系，对海派少儿文化 IP 创新提供基础支持，不但推动具有自主知识产权的产业群的发展，提供科技政策、文化政策、教育政策和外贸政策等，重奖产业内一些影响力重大的发明，利用知识产权制度占有和垄断少儿文化市场；三是资金上予以扶持，海派少儿文化 IP 作为上海一项重要的产业，市政府应当成立专项基金，引导创新要素向少儿文化企业集聚，集中力量支持有远大前途、市场前景广和科技含量高的专利技术，加大对创新成果申请扶持力度；四是提高全民的知识产权保护意识，开展深入到群众的宣传活动，举办接地气的知识产权保护竞赛，通过不同的新媒体传播渠道开辟各种知识产权板块，传播知识产权知识。

---

① 欧阳捷：《少年少儿文化产业发展战略研究》，湘潭大学 2015 年硕士学位论文。

6. 海派少儿 IP 的政策环境完善维度

政府应当针对海派少儿文化 IP 发展的各种问题，最广泛地征求社会各界的理念、思路、意见，在科学论证的基础上制定整体的上海市少儿文化产业发展规划，对整体的发展目标、任务、策略、时间表予以明确。还要重点突出、重点打造，对有发展前景的部分进行相应地倾斜，并把上海市经营性少儿文化事业单位优惠政策落到实处，帮助海派少儿文化公司正常经营，鼓励少儿文化公司开拓海外市场，制订少儿文化技术创新的税收倾斜政策。我们需要对目前海派少儿文化 IP 相关法律法规展开全面的梳理，修订不适应社会经济发展形势的部分，废止严重落后社会发展的法律条款，根据上海区域的特点，增强可操作性因素，研究制定科学合理的地方性法规，出台相关实施细则，通过持续健全海派少儿文化 IP 的法律法规，给这个产业未来的繁荣打造一个公平规范平等的法制环境。

第二章　海派少儿文学 IP 发展策略

在当下文化产业的 IP 化运营中，有基于影视 IP 向游戏形态发展的案例、有基于音乐 IP 向影视形态发展的案例，但是最常见、最普遍的是基于文学 IP 向影视、游戏、动漫等形态发展，通过各种网络小说 IP 改编而来的电影、电视剧成为文化市场上的"宠儿"。由此可以发现文学形态的优质文化产品在 IP 化发展中的地位和作用，这种现象在少儿文化产业中同样存在，也说明了加快发展海派少儿文学 IP 的必要性。

第一节　海派少儿文学 IP 市场现状

整体来看，目前海派少儿文学 IP 的发展态势良好，市场需求量比较大，原创海派少儿文学 IP 不断涌现出来，品牌化运营也取得了不错的成绩。不过也存在很多值得注意的问题，比如优质 IP 依然比较少、动态运营能力比较弱、对外交流质量需要提升等。

一、海派少儿文学 IP 繁荣发展

第一，海派少儿文学 IP 的市场需求不断扩大，近年来增长显著。“在 2016 年桂冠童书典礼上，开卷总经理蒋艳平公布了 2016 年最新的少儿出版市场数据（由于统计原因，本次报告数据范围为 2016 年 1—11 月）。从监控码洋情况来看，2016 年 1—11 月开卷总体监控总码洋 298 亿元，1—11 月实体书店监测 90 亿元，而网络书店监测已经达到 208 亿元，增长迅猛。在图书零售占市场同比增长 12.46% 的背景下，动销品种数从 2015 年 168 万种增长到 2016 年 1—11 月的 170 万种，增长了 2 万种。新书品种数 19 万种，并没有像五年前一直保持高速增长，得到了控制。地面店上基本各个细分门类都在下跌。少儿、文学还有社科是为数不多的能够保持较好成长性的板块，虽然是弱增长，但也占据了实体书店较大的市场份额”①，通过统计数据可以发现，在整个出版市场面临转型尤其是实体书店效益不佳的背景下，少儿出版仍然能够保持增长态势，表明市场和读者对其的高度认可，而在少儿出版当中，少儿文学所占的比重最为突出。

第二，海派少儿文学 IP 的份额在整个图书出版市场中独占鳌头。2001 年以来，我国少儿文学出版市场发展迅速，在市场需求变化的刺激下，过去形成并存在很长一段时间的以少儿百科、低幼启蒙等知识教育类图书为主力军的儿童图书市场得到改变。多年以来，少儿文学出版物不仅是品种规模还是码洋规模都处于持续增长的趋势，成为图书出版中最重要的增长极。“在少儿类图书的 11 种类别中，前三甲分别是少儿文学、卡通 / 漫画绘本、少儿科普百科。其中，少儿文学类图书销售册数和销售码洋为 43.28%，在整个少儿类图书市场中独领风骚”②。此外，“在 2011 年到 2014 年上半年少儿畅

---

① 《开卷报告：2016 年少儿出版市场数据分析》http://www.bisenet.com/article/201701/169832.htm

② 黄云姬 .:《我国少儿文学图书出版现状及思考——基于 2009—2014 年儿童图书出版统计数据的分析》,《出版科学》, 2016 年第 1 期。

销书排行榜 120 种图书中少儿文学图书就有 108 种，占比高达 90% 以上”[①]，从这些数据中可以看出，少儿文学在少儿图书出版占有举足轻重的地位。

这在上海市出版的相关数据中也能够得到体现，不仅市场份额能够反映海派少儿文学 IP 近年来增长显著，在大数据时代的少儿阅读数据中也能够得到体现，比如上海市教委和上海图书馆通过全市中小学生图书借阅数据做了一项分析，发现少儿文学是上海少儿最喜爱的阅读题材。[②]

第三，原创的海派少儿文学 IP 作品、品牌广受读者欢迎。我国当前的原创少儿文学图书占据畅销书市场 90% 以上，而且大多数原创的少儿文学图书 IP 都是以系列丛书的形式投放到市场上的，形成比单本发行更强大的 IP 效应，比如查理九世所著的《墨多多谜境冒险》系列图书、杨红樱所著的《笑猫日记》系列和影响了 90 后的《淘气包马小跳》系列图书、曹文轩小说系列、郑渊洁所著的皮皮鲁系列等。在以上的这些畅销书作家中，杨红樱算得上是图书出版运营非常成功的典型案例，成为国产原创少儿文学领域极具影响力的作者品牌，而郑渊洁的作品也深受市场欢迎，郑渊洁本人也凭借出版收入多次进入作家富豪榜，这些作家和作品经过时间和市场的积淀，都成为了知名的少儿文学 IP 品牌。

在众多出版社、作家、社会各界力量的共同努力下，海派少儿文学原创 IP 的创作、发掘近年来也在不断发展，比如《侦探，无限循环》《就是这么任性》《遇见八岁的我》《小海的画》《写在金色树叶上的信》《爱看书的猫》《夜晚，雨点合唱团》《早点回家过年》等原创作品被评为“上海儿童文学好作品”奖[③]，通过奖励能够鼓励更多的社会力量投入到海派少儿文学 IP 的创作、培育当中去，推出更多、更好、更受广大读者欢迎的精品力作。

---

① 《少儿类图书零售市场走向》http://www.openbook.com.cn/Information/0/3083_0.html

② 《上图发布统计数据　上海少儿最爱看儿童文学》http://news.163.com/15/0601/09/AR10DV0G00014AEE.html

③ 《2015 年度上海儿童文学好作品奖揭晓》http://www.sohu.com/a/65886319_362953

二、海派少儿文学 IP 的危机与挑战

从统计数据中，可以看出虽然我国少儿文学图书出版呈现出一片欣欣向荣的景象，但这些数据并未完全反映出我国少儿文学图书出版产业的整体水平，海派少儿文学 IP 同样面临这样的危机和挑战。对我国当前的少儿文学图书出版市场进行仔细观察，仍然存在许多的问题与不足，如少儿文学高水准的优质作品较少；种类看似多样，实则重复出版现象严重；作家高度集中，年轻的、有影响力的少儿文学作家出现断层；国外优秀的少儿文学图书引进少等。

第一，海派少儿文学 IP 创作受市场影响大，优质 IP 比较少。随着社会主义市场经济的日益繁荣，受众文化消费观念的变化，文学创作日益市场化，主要表现在整个文学创作及图书出版呈现出一种急功近利的状态，大量的流水线式生产的平庸之作被出版，翻、编、凑、抄的作品比比皆是。不仅如此，在市场利益的催化下，个别作者也竞相模仿生产类似的作品，以期在短时间内取得经济效益，甚至是一些深受少儿喜欢的当代名作家名作，也出现了媚俗化倾向，单纯的追求文学的游戏性、娱乐性和趣味性，这些都严重局限了文学品味和审美追求。比如创作中使用的艺术表现手法幽默风趣就得到了前所未有的重视，幽默风趣的使用是提升少儿文学作品的趣味性，而趣味性是为了更好地向读者销售图书，比如很多广受中小学生喜爱、在出版市场上占据大量份额的校园小说，为了吸引读者，在创作的时候刻意追求戏剧效果以至于风格生硬，为追求学生群体的阅读兴趣而放弃了应有的文化操守，这样的作品难以在质量上取得较高的成绩，也难以成为优秀的海派少儿文学 IP 品牌。

第二，跟风、炒作现象严重，IP 盲目发展造成资源浪费。如今的少儿文学图书出版跟传统意义上的专业少儿出版相比，已经发生了巨大的变化，变成了名副其实的大众出版。市场竞争日益白热化与巨大的利益驱使，使得各出版社纷纷盲目效仿、跟风重复出版，比如，著名少儿文学作品美国作家简·韦伯斯特的《长腿叔叔》，就有包括中国妇女出版社、人民邮电出版社等在内的数十家出版社出版，造成了出版资源的严重浪费。更严重的是，少

儿图书市场还充斥着大量的粗制滥造的作品，这些作品一旦流入市场不仅扰乱了市场的正常竞争秩序，对少儿的成长也是不利的。

第三，优秀青年创作力量需要尽快成长。通过多年来我国畅销书的统计数据可以发现，“在 2009—2014 这几年多上榜的 120 种图书中，作者是中国当代作家的只有 6 位，其中雷欧幻像上榜 3 次、杨红樱上榜 26 次、伍美珍上榜 3 次、曹文轩上榜 5 次、沈石溪上榜 5 次、郁雨君上榜 1 次”[①]，上述作家大多数都是我国当代知名的少儿文学作家中的老面孔，年龄阶段主要集中 20 世纪 50 年代—80 年代，年纪最大的沈石溪生于 1952 年，而最年轻的的雷欧幻像也生于 1980 年，1980 年后的青年作家出现断层的现象。而具有较大影响力的上海少儿文学优秀作家有秦文君、俞愉、沈石溪等，也都是“老一辈”创作者，中年尤其是青年创作力量的崛起是市场的期盼、读者的期盼。上述现象一方面表明我国的 80 后少儿文学作家中还未出现能够挑大梁的优秀人才，另一方面表明出版社为实现盈利最大化、风险最小化，往往会选择一些美誉度高、具有自身品牌建设的名作家的作品来出版，这两种现象对我国少儿文学的长远发展都是不利的，大力推进中青年海派少儿文学 IP 创作力量的成长刻不容缓。

第二节　海派少儿文学 IP 的艺术特征

少儿文学体裁丰富多样，“主要有少年儿童小说、童话、儿童诗、儿童散文四种”[②]，海派少儿文学在 IP 化发展的过程中，依然保持原有的体裁特

① 黄云姬：《我国少儿文学图书出版现状及思考——基于 2009—2014 年儿童图书出版统计数据的分析》，《出版科学》，2016 年第 1 期。

② 李蓉梅：《少儿文学四种主要文体的艺术特征》，《湖南科技学院学报》，2006 年第 9 期。

征，不过创作理念和发行方式要从 IP 的高度进行统筹。本节主要通过对少年儿童小说和童话的解读来分析海派少儿文学 IP 的艺术特征。

一、少儿小说 IP 的艺术特征

对于青少年来说，成长是一门必修课。每一个孩子的成长都离不开父母的悉心照顾，不仅需要物质的满足，更需要文学艺术的熏陶，情操陶冶。优秀的文学艺术作品，是少年儿童成长过程中不可或缺的精神食粮，对于少年儿童人生观、价值观以及世界观的塑造是十分有利的。

少年儿童小说是少儿成长过程的艺术化表达，是少儿成长过程中的良师益友，呵护、见证了少年儿童的成长。少年儿童小说的艺术特征主要有以下三个方面：

首先，少儿小说需要对角色精神世界进行细致地刻画，把握主人公在成长过程中的心理变化，通过这些变化来吸引目标读者，并且向读者传递正面、积极、青春的力量。首先，对人物内心的微妙变化描写细腻，能够吸引处于青春期、渴望了解自己和他人的青少年读者。这一类作品的目标读者是处于一种有点成熟但又未完全成熟阶段的青少年，心理极度敏感是他们这个年龄阶段最重要的特征，“一方面他们需要小心翼翼地守护自己敏感、怯弱的心灵，另一方面又强烈地希望、迫切地需要与外界沟通”①。少年儿童小说对人物角色进行的心理描写，有助于不同年龄段读者通过阅读体会、学习少儿特有的感悟世界、思考成长的方式，从中了解如何面对成长当中的困难、更好地的认识自己，从而帮助他们更好地度过青春期，获得更加积极地成长。

其次，少儿小说通常会对文中涉及的背景知识进行解读和描写，为读者交代社会、文化等相关背景，能够较大地满足青少年读者希冀了解世界的

① 李蓉梅：《少儿文学四种主要文体的艺术特征》，《湖南科技学院学报》，2006 年第 9 期。

心理诉求。青少年对于远离自己生活场景的广阔世界充满极大的好奇与浓厚的兴趣，尽管他们有时会感到迷茫与恐惧。少儿小说在青少年与外面世界之间架起了一座沟通的桥梁，通过这座桥梁，青少年不仅对外界有了一定的认知，也在这个认知过程中逐渐看清自己内心真正的需求，这对于青少年将来步入社会是有一定帮助的。

最后，少儿小说当中的角色、形象具有特定年龄段特征的“个性特点”，很多都属于少年读者所希望见到或者变成的那种性格完美的“偶像”角色，满足了大多数青少年读者对未来自己的想象。长大后的自己会是什么样子？每一个青少年都有自己的各种不同的想象。少儿小说中的主角一般都是完美形象，聪明、睿智，是优秀青年的杰出代表，有着不同于常人的经历，能够克服重重困难获得成功。

二、童话 IP 的艺术特征

“童话是少儿文学的一种体裁，通过丰富的想象、幻想和夸张来编写适合儿童欣赏的故事”[①]。从这一解释中，可以看出，童话的主要艺术特征就是想象、幻想，但这是“根植于现实生活，在现实生活基础上，通过幻想，用假想的或象征性的形象来表现事物和现象的‘超自然’力量；在艺术表现手法上，一般多采用拟人、夸张、动漫、假定的手法，也就是让动物、植物、无生命物等披上人类的外衣，并且赋予它们以人类特有的思想和意识，像人类一样生活着，它是作家通过幻想创造出来的故事”[②]。具体而言，童话的幻想特征主要表现在以下几个方面。

第一，童话通常多运用虚构的艺术手法，其中的人物角色、场景、情节通常都不是现实生活中存在的，但是却能够反应客观世界，让读者在艺术化的情境中认识世界。既然是虚构的，那就意味着现实生活中根本就不会存

① 王利平：《浅谈童话和寓言的教学方法》，《快乐阅读》，2012 年第 1 期。

② 刘剑平：《浅析现代童话幻想没的艺术特征》，《淮海工学院学报》，2012 年第 9 期。

在，作者这样的文学设计并不是为了欺骗读者，而是想要通过幻想的故事和人物来提醒生活在现实世界中的人们：无论身处顺境还是逆境，我们都要保持积极乐观的心态，热爱生活、热爱生命。第二，“有的童话把某些假想的童话人物，放在一个超越空间限制的奇境中自由活动着。童话意境的特点，可说集中表现在‘亦虚亦实，似幻犹真’这八个字上”①。第三，作品对于魔法的描写也是童话幻想特征的重要表现。在童话故事中，往往会出现一些正面人物使用的法宝，这些法宝往往具有某些生活中见不到的神奇力量，能够解决各种难题。这些道具、器物的描写，可以激发读者的想象力，也是读者美好期望与想象力的体现，而且，还体现了人类对于征服自然的强烈向往。

当然，除了以上少儿小说、童话的“普遍性”艺术特征之外，海派少儿文学 IP 还有其他的特点，这主要是“海派”的风格所赋予的。比如故事背景的设置、人物角色的性格、语言的运用等突出上海元素，或者在创作、发行过程中植根于上海文学、出版力量的发掘，或者能够体现出海派艺术包容、时尚、具有国际视野等特征。总之，海派少儿文学 IP 既有所属文学类型的基本特征，又具有海派艺术独特的品格，而且极具包容性，所以艺术风格多样而变化，能够满足不同受众的阅读、欣赏需求。

第三节　海派少儿文学 IP 发展过程中的问题

当下，大众文化正在逐渐深入渗透到生活中的各个层次与方面，大众文化的商业性和消费性等特点正逐渐改变着我们的文化构建。如今，海派少儿文学也融入到了大众文化的潮流当中，这使得海派少儿文学 IP 在其发展过程中面临了诸多问题。

第一，海派少儿文学 IP 存在成人化趋势。在当前的少儿文学创作中，

① 彭斯远：《论童话艺术特征》，《重庆广播电视大学学报》，2000 年第 4 期。

诸如性爱、暴力、政治斗争、吸毒、战争、同性恋等本不属于儿童世界的题材被加入到了少儿文学领域。成人化的写作手法“身体写作”也有波及到少儿文学的倾向，“比如蒋方舟在 12 岁时写的作品《正在发育》，就已经完全是一种成人化的视角和方式来看待这个社会和世界”①。不仅是少儿文学创作趋向成人化，少儿阅读也呈现出成人化的趋势；作为互联网原住民的千禧一代，对互联网媒介的接受度很高，在互联网媒介的宣传和引导下，他们对成人文学的阅读和理解也越来越提前，跟不同时期的同龄人相比成熟比较早，成人化的倾向不仅存在于少年阶段，也在渐渐向更低的年龄段发展，慢慢形成一个区别于少儿世界和成人世界的“第三个世界”，这会对部分海派少儿文学 IP 的创作产生不同程度影响，进而形成恶性的循环。

第二，海派少儿文学 IP 的创作者与读者群体都出现了明显的流失现象。“2015 年我国 0—8 周岁儿童图书阅读率为 68.1%，高于 2014 年的 59.2%；9—13 周岁少年儿童图书阅读率为 98.2%，较 2014 年的 95.4% 提高了 2.8 个百分点；14—17 周岁青少年图书阅读率为 86.3%，较 2014 年的 88.3% 下降了 2.0 个百分点。综合考察来看，2015 年我国 0—17 周岁未成年人图书阅读率为 81.1%，较 2014 年的 76.6% 增加了 4.5 个百分点”②，单纯从这些数据来看，我国儿童的图书阅读率呈逐年上升的趋势，但是如果细分其阅读的具体类别和行为，便会发现存在的问题。

在“有调查显示，在被问道‘你是否经常读？’和‘你现在经常读的是什么书？’的调查中，65% 的调查者回答除了教科书和作文书，他们几乎从不看书，另外还有 25% 的受访者承认自己只看图画书，而极少阅读文学作品”③，所以说虽然整体阅读量逐年提升，但是从少儿的阅读结构与习惯改变

① 李娟：《多媒体时代少儿文学在儿童道德教育中面临的问题和出路》，《昆明师范高等专科学校学报》，2007 年第 6 期。

② 《第十三次全国国民阅读调查数据在京发布》，http://cips.chinapublish.com.cn/kybm/cbyjs/cgzs/201604/t20160419_173544.html

③ 《第十三次全国国民阅读调查数据在京发布》，http://cips.chinapublish.com.cn/kybm/cbyjs/cgzs/201604/t20160419_173544.html

的角度来看，少儿文学的读者其实存在严重流失的现象。此外，面对阅读市场与读者阅读习惯的变化，在这样的阅读市场环境的影响下，从事少儿文学的创作者、运营者的态度也出现了明显的改变，一些作家因为不能迎合少儿的兴趣，进而作品不被市场接受，为了生存开始改变创作方向；更有甚者，开始逐渐放弃文学创作的道路，寻求另外的出路。种种原因，导致了少儿文学作家的流失与断层。

第三，新兴媒体的快速兴起和发展侵占了海派少儿文学 IP 的空间。随着互联网技术的不断发展，互联网普及率越来越高。电子阅读等新型阅读媒介与阅读方式以及网络媒体已经挤压到了传统读物的空间，大大减少了传统阅读的使用率，国民阅读尤其是儿童阅读面临巨大的挑战。儿童的天性是生命本质中的游戏精神，而阅读并不能充分展现儿童的这一天性，电子游戏便成为他们的第一选择，比如“国民手游”《王者荣耀》在小学生中的高普及率就是一个最好的证明，电子游戏强烈的互动参与性与阅读和看电视被动的接受方式不同，这种差异性吸引了儿童投入大量的时间。尤其是在以上海为代表的一线城市，移动互联网终端的普及率更高，海派少儿文学 IP 潜在读者被智能终端“抢占”的几率更大，对于海派少儿文学 IP 来说，因为新兴媒体快速发展，一方面能够享受到传播平台的扩展，但是另一方面，其生存空间已经被大幅挤压和侵占。

第四，与海派少儿文学 IP 相关的教育环境存在一定缺陷。我国的教育追求的是应试教育，一种专门应付考试的教育，作为语文教育的一个细小分支，少儿文学教育一直处于语文教育中的边缘地带，语文教育大多都停留在字词句段篇分解式的知识性传授，作品赏析、思想领悟、个性化创作的教育在很大程度上被忽视，还存在一个典型现象，那就是很多意境优美、意义丰富的作品的内容、魅力、感染力在课堂教育中呈现一种缺失的状态。而且少儿文学长期以来与其他类型的文学体裁相比也处于一种市场弱势地位，导致资源、人才的储备与市场需求存在落差，对从业者、教育者、受教育者都有着直接的影响，就像业界流传的一句话所形容的那样，中国有语文教育而没有文学教育，尤其是少儿文学教育，这种先天缺陷严重阻碍了少儿文学的发展，对于少儿少儿文学素养的形成也是不利的。

具体到上海市的中小学教育，对于海派少儿文学 IP 来说还存在另一个显著问题，那就是为了孩子能够在升学阶段拿到更重的“砝码”，家长们会为孩子报各种补习班、参加各种比赛、考各种证书，这些活动占据了孩子绝大多数的课外时间，进而在无形之间也缩短了孩子们阅读少儿文学作品的时间，成为海派少儿文学 IP 发展过程中不得不面对的一个客观问题。

第四节　海派少儿文学 IP 的发展条件

海派少儿文学 IP 在发展的过程中存在一些问题，但是社会各界已经意识到要针对性地推动海派少儿文学 IP 的发展，各方面的努力与尝试都在进行当中，海派少儿文学 IP 发展也具备了很多积极的条件。

第一，市场上已经形成了比较完备的品牌塑造体系，便于海派少儿文学 IP 品牌的打造。近年来我国文化产业领域认识到文化品牌塑造的重要性，也进行着持续的努力，上海市市场经济发达、各种类型的品牌云集，在这方面具有比较先进的经验，为海派文学 IP 的品牌化发展提供了基础条件。比如春耕文化艺术交流（上海）有限公司为海派少儿文学 IP 的品牌化推广做出了大量探索，基于原创文学 IP 改编儿童舞台剧《水果家族》《蔬菜家族》，举办儿童影视论坛，探寻海派少儿文学的影视化道路，通过多元化的发展推动海派少儿文学 IP 的品牌化运营实践。

从外在特征来看，当今的文化市场，是一个以“流量”为导向的注意力经济时代，打造品牌效应是吸引流量的重要法则。品牌可以产生“强者越强，弱者越弱”的马太效应。在少儿文学图书排行榜上的作家、具有流量效应的少儿自媒体都形成了自己的品牌，比如“凯叔讲故事”聚集了多个超大社群，通过对社群的运营来实现品牌的社会价值和经济价值。这些运营方式的完善都为海派少儿文学 IP 的品牌化运营创造了基础条件。

第二，少儿文学创作的激励机制相对比较完善。文学创作不仅需要灵感来源，还要有相对配套的文化创新体制，为文学创作提供轻松的创作环境。当前的文化创作体制，还存在对少儿文学作家多方面的限制，比如就出版体制而言，即使作家创作出了优秀的作品，但如果受出版体制的限制无法出版，那么作品也得不到有效的传播。不过，虽然这样的问题在很多环节依然存在，但是在市场不断完善、文学产业发展的推动下，改革的势能已经形成。有利于创作者的创作机制、出版机制尤其是激励机制已经建立并且处于不断完善的过程之中，能够保证优秀的海派少儿文学 IP 创作者得到足够的肯定与认可，无论是精神层面的肯定或者经济效益层面的回报。

第三，海派文化兼收并蓄的品格便于海派少儿文学 IP 的多样化发展。海派文化在发展过程中形成了兼容并蓄的品格，带有“一种兼容并蓄的艺术趣味和开放求新精神的概括，一种近代市民文化时尚的隐喻”[①]，这种品格经过百年积淀也已经融入了上海精神，作为海派文化的一支，海派少儿文学也能够在中国传统少儿文学的基础上吸收欧美少儿文学的精华，能够对来自不同国家、不同地域的优秀创作元素融会贯通，逐步实现海派少儿文学的升级换代。

第四，海派少儿文学 IP 自身的积淀为其继续发展打下了基础。海派少儿文学经过多年的积淀，已经形成了顽强的市场生命力与强大的创造力，在各方面为自身的继续发展、升级创造了条件。而且作为服务少儿的文学形式，少儿文学历来都受到来自社会各界的重视，从国家到上海市都不断推出措施来促进少儿文学的创新与发展，加之我国少儿文学良好的基础条件，由此有理由相信海派少儿文学 IP 能够实现立足自身、由内而外地发展。

第五，海派少儿文学 IP 发展的外部机遇不断完备。“外部机遇，主要是指外部因素中能带给少儿文学新契机、新发展空间的有利因素。主要表现在

---

① 靳建国：《关于海派绘画商业化的探究》。载于 20 世纪中国艺术史文集编委会编：《艺术的历史与事实——20 世纪中国艺术史的若干课题研究（1900—1949）》，四川美术出版社，2006 年 2 月，第 11 页。

国家政治、经济、文化整体发展势头良好，给少儿文学的发展创造了良好的外部环境；我国加入世贸组织以后，世界市场给少儿文学带来的机遇，虽然机遇与挑战是并存的，但机遇是起主导作用的；新媒体技术的发展提供的拓展空间”①。经过多年改革开放成果的积累，我们在政治民主、经济发展、文化进步等很多方面都实现了巨大的进步，海派少儿文学 IP 进一步发展的基础条件已经具备，迎来了实现大发展的良好机遇。在政治条件方面，各项改革的深入是我们在各个领域更加自信和开放，文化事业发展所需要的条件越来越完备。文化领域，人民群众的文化需求量和多样性不断发展，市场体量提升迅速，少年儿童的教育和阅读需求也被激发出来，而且对着国内外交流的加强，海派少儿文学 IP 的对外输出和向外学习也更加频繁，为少儿文学的发展提供了巨大的机遇。除了稳定的国内环境，开阔的海外市场，新媒体技术的腾飞也为海派少儿文学 IP 带来了新的发展途径和新的发展空间。

第五节　海派少儿文学 IP 的发展策略

可以预见随着我国文化产业的进一步发展，优秀的海派少儿文学 IP 作品会不断涌现，IP 化经营的方式与形态也会不断发展，当然这需要以文化产业从业者积极探索海派少儿文学 IP 发展策略为前提，在此从以下几个方面进行简要分析和探讨。

第一，以原创为核心，打造具有强大生命力的海派少儿文学 IP 内容。在纷繁复杂的文化市场中，越来越多的因素会成为海派少儿文学 IP 发展过程中的“干扰项”，而且每一个因素、每一个环节的作用都不可忽视，否则会造成“一环不慎，满盘皆输”的后果；不过在所有的因素当中，IP 内容与

① 孟昌：《基于 SWOT 分析的我国少儿图书出版的发展战略研究》，湖南师范大学 2008 年硕士学位论文。

作品的质量仍然是核心与根本，这是决定海派少儿文学 IP 发展潜力的基础，如果作为基础的文学作品质量不过关，那么再多的资金、再优秀的营销方法、再好的形态转换方案都无法保证海派少儿文学作品在 IP 化发展的过程中会出现问题。

第二，借助新媒体平台实现海派少儿文学 IP 影响力的升级。在前面小节中，多次提到互联网新媒体对海派少儿文学 IP 的影响，这种影响由历史潮流决定，具有不可逆转性；既然无法改变，那就应该借力互联网新媒体助推海派少儿文学 IP 的发展。互联网新媒体作为一种媒介工具，它的出现改变了印刷媒介单一的传播格局，使文学传播的方式发生了巨大的变革，建构了一种新的文学存在方式，使少儿文学获得更广阔的生长空间。因此，与其同互联网争夺注意力，不如发挥互联网新媒体的正面功能，利用与影视等多元媒体相结合的方式吸引更多少儿的注意力。比如创建少儿文学网站、APP、自媒体等，让少儿在使用互联网媒介的同时就能阅读少儿文学。此外，互联网媒介具有的交互性特征，对于维护少儿观众的用户粘性也是十分有利的，通过定期的社群活动，既能维护粉丝粘性，还能从中找到创作的灵感。

第三，基于优质海派少儿文学 IP 延伸产业链，努力形成产业集群发展的态势。文学作为 IP 开发的初始资源，具有强大的开发力，海派少儿文学 IP 的发展，可借助其他艺术形式来转化。对文学进行二次创生，是海派少儿文学 IP 发展的重要步骤，二次创生带来的跨界合作，可以产生多种形式的二次创生产品，比如动画、游戏、实体书、影视、周边产品等。通过向目标受众投放二次创生的产品，可以围绕粉丝经济实现三类经济价值转换——实物消费、虚拟道具、粉丝运营，这种全方位的变现方式带来的巨大的经济效益又可以反哺海派少儿文学创作与优质 IP 的开发。这样的二次循环，就形成了海派少儿文学 IP 的完整产业链，实现了海派少儿文学 IP 的全方位的、深度的开发。最大程度地实现海派少儿文学 IP 的社会价值和经济价值。

第三章　海派少儿戏剧 IP 发展策略

少儿戏剧有过璀璨的光辉，但到现在，与少儿电影和少儿动画片相比较，无论是在数量上还是质量上，少儿戏剧已被拉开很大的距离，但是也说明少儿戏剧有很大的提升空间。电视机、电脑、手机和 PAD 等先后占据着少年儿童的日常空余时间，先前相对单调的生活日益丰富多彩，但少儿戏剧并没有在这轮新媒体技术的大潮中找到适合自己的道路，导致离少年儿童生活的距离越来越远。

近几年中国一些精良国产动画片如《熊出没》创下了较高收视率，不断重播，由此俘获了大量少儿观众，而国产少儿戏剧处于寒冬季节，难有起色。少儿戏剧的编剧们努力赶上时代的脚步，开始转换思路，但效果只能说是差强人意，创作出来的戏剧要么场景宏大缺乏情节主线，要么情节简单让观众无法满意。最近几年的少儿戏剧作品类型其实还是比较多样的，有多概念卡通剧《水果家族》，有大型音乐梦幻剧《马兰花》，还有大型多媒体少儿戏剧《海外 no 天堂》等，它们在市场上发出了自己的一声呐喊，并表现出一定影响力，但与美国迪斯尼出品脍炙人口的《狮子王》《花木兰》和《米奇音乐嘉年华》等相比，在制作的精良程度和效果方面还是无法媲美。当越来越多的艺术工作者投身于成人戏剧、动漫产业和少儿电视剧这些行业中，从事少儿戏剧的人才却青黄不接，少儿戏剧的发展陷入了窘迫的境地，甚至有停滞的危险。面对这些问题，本章将对海派少儿戏剧 IP 发展的现状、问题与对策做出相应思考。

第一节　海派少儿戏剧 IP 发展现状

近年来，少儿戏剧市场开始回暖，还是出现一些让人能欣喜的景象，这一块的市场需求得到提振，各地陆续新开专业的少儿剧剧场。在这个现象的背后，是观剧需求的增强。随着各地少儿文艺大赛、少儿剧巡演的举办，重新燃起了部分从业者与观众的兴趣，促使整个市场的活跃度增加。有些少儿戏剧节已经连续举办很多年，背后的主办方实力雄厚，眼光长远，有目的有计划地将其打造成少儿剧演出领域的 IP 品牌，打造优良平台为各式各样的少儿剧提供展示机会，为优秀 IP 剧目的成长甚至向全国范围的推广创造条件；经过多年的苦心经营，代表性的少儿戏剧节已经享有很强的影响力，譬如上海国际儿童戏剧节、“春苗行动”等都已经连续举办超过四届。

作为经济最发达的北上广三地，是国内少儿戏剧演出最集中的城市，多年来已经培养一部分固定的观众群体，少儿剧市场发展相对成熟，对比在演出剧目、演出场次和票房收入等几方面的数据，在全国都是名列前茅，而且是遥遥领先，份额远大于其他地区。

上海多年前已经成立了多家初具规模和名气的海派少儿剧团，其中最有名的要数上海儿童艺术剧场，这是在原世博会上汽通用馆基础上改造的全国最大儿童艺术专业剧场，由宋庆龄女士创立的中国福利会旗下公司运营，在 2013 年投入使用。宋庆龄女士生前致力于儿童的保护和成长事业，她曾指出戏剧对于少年儿童有着重要的意义，戏剧不仅给青少年带来幸福和快乐，打开想象力世界，还能增强他们的人文素养，开展少儿戏剧是一件利国利民的好事。秉承着这一理念，上海少儿艺术剧场努力打造成国内乃至全世界最优秀最专业的少儿剧场，各方面的标准与最顶级的成人剧场保持一致，剧场提供最先进的场馆设施，编排最精良的少儿戏剧节目，为广大青少年留下最难忘的艺术之旅。宋庆龄女士在 1947 年创立了中国福利会少儿艺术剧场，诞生 70 周年以来，福利会少儿艺术剧院创作出《马兰花》《白马飞飞》和《少年与流浪狗》等近三百个题材不尽相同的精彩少儿戏剧节目，并屡次获得国际和国家大奖。[①] 中福会儿艺文艺工作者们孜孜不倦，保持着每年 2—3 部新戏剧创作的频率，多年来在北京、广东、上海、江苏、安徽和浙江等地演出，创立 70 年来，中福会少儿戏剧工作者手中诞生了近 400 部少儿戏剧节目，表演场次达 19000 余场，观剧人数达 1639 万次。1999 年起，中福会儿艺建立亲子会员俱乐部，开始尝试探索“亲子场”新型运作模式，至今会员超过 50000 人。中福会儿艺在 2004 年和 2005 年连续两年顺利举办了上海国际少儿戏剧节，邀请海内外的优秀少儿剧参加，为中外少年儿童的文化交流搭建一个非常好的桥梁，极大地丰富了少年儿童的暑期生活。2006 年，中福会儿艺投入了大量资金对基础设备进行升级换代，多功能排演厅完成建设投入使用后，亲子场每周都有剧目安排，即“周周演”，计算下来每年突破 150 场 [②]。

上海少儿艺术剧院的目标受众群体为适龄的少年儿童，为了将青少年吸引进剧场，剧院方精心打造多功能平台，邀请国内外最一流的剧团表演受欢迎的少儿戏剧剧目。多功能平台提供互动观看、参与式体验和开放式教育等服务，激起少年儿童对多元世界的求知欲和探索欲，刺激少儿们的想象神经，点燃他们的自主探索欲望和增强思维能力，从被动的受体转为艺术世界中的主体。剧院欢迎所有的学校、家庭和儿童们参与其中，欣赏精彩的表演，体验令人痴迷的艺术，开阔视野，丰富对自我和世界的认识和理解。剧院每年接待的人数突破 100000 人次，不只是在舞台上，上海少儿艺术剧院还积极走进学校、社区，向更多观众推送少儿喜剧的演出节目和艺术教育。

以上海少儿艺术剧院为代表，海派少儿戏剧 IP 从基础的场馆设施建设、剧目创作与排练、人才发掘与锻炼，到创作机制与市场运作机制的发展等方

---

① 参考：《揭秘儿童剧团创立史　宋庆龄：儿童是未来生命的血液》http://history.eastday.com/h/2015hm/u1ai8760752.html

② 参考：《宋庆龄的掌上明珠—中国福利会儿童艺术剧院》http://www.childrentheatre.net/news/newshtml/jyzj/20100428214541.htm

面都在不断积累着经验。海派少儿戏剧 IP 从数量到质量、从硬件到软件等各方面都取得了比较优秀的成绩，市场效益与社会效益都得到观众的认可。

第二节　海派少儿戏剧 IP 的艺术特征

海派少儿戏剧 IP 在发展过程中逐步形成了自身独特的艺术特征，这也是优秀剧目受到小观众们喜爱、得到家长们认可的重要原因，在此从以下几个方面对海派少儿戏剧 IP 的艺术特征予以分析。

第一，海派少儿戏剧 IP 主题鲜明，一般比较浅显易懂。海派少儿戏剧 IP 的艺术特征包括戏剧的主题鲜明、浅显，使少儿可以容易理解戏剧内容本身，以及戏剧里包含的浅显易懂的道理，同时题材贴近少儿的生活，容易使少儿跟戏剧产生共鸣以及良好的互动。例如由春耕文化艺术（上海）有限公司培养的青年编剧汪菲创作的少儿戏剧《水果家族》（如图 3.1），汪菲既是

图 3.1 《水果家族》剧照

这部剧的编剧，也是此剧的主角“果果”的饰演者，作为编剧，童年的经历是创作的灵感，她以此为素材融入，创造了一个充满童真幻想的水果世界；作为演员，她更能把握剧本的节奏和情感表达，生动演绎水果角色生动惹人疼爱的特质，没有生硬的说教，而是在玩乐中告诉孩子们生活中的一些道理。这部少年剧轻松快乐而饱含艺术感染力，青涩的苹果、任性的香蕉、娇嫩的草莓和怪脾气的榴莲经过专业的演员们的表演，形象鲜活有趣，儿童们在五彩缤纷的水果世界中得到了快乐与艺术享受，首演之后就受到了孩子们的追捧。这部优秀的少儿剧将家喻户晓的上海童谣穿插在戏中，利用水果形象的方式传递海派文化的内涵。

第二，海派少儿戏剧 IP 在冲突的设置上注重趣味性和游戏性。戏剧冲突是一种特殊艺术形式，常用来表现人际之间的矛盾关系和人的内心冲突，它的重要性在于能淋漓尽致地表现人物性格和剧本立意，这些矛盾冲突一般由剧中人物思考水平的不足和生活经验的缺乏导致的。海派少儿戏剧 IP 的冲突主要由对立的角色引发，通常用少年儿童所能理解的美丑、好坏、善恶和真假等鲜明对比方式来表现。

青春舞台剧《海外 no 天堂》是一部表达青年人独立思想、自我感受的的少儿喜剧，全剧虽然心理矛盾冲突多，但是采取的都是少儿容易理解的形式，同时兼具趣味性和游戏性。这部剧地点背景设定在澳洲，讲述玲玲、佳佳、小雨和囡囡四个女孩海外留学的酸甜苦辣。戏剧从除夕夜四人的对话展开，彼此倾诉心中的苦闷，对家乡上海的怀念，以及对人生道路的迷惘。这是 90 后美女编剧汪菲另一部作品，撰写剧本的时候她还在中学，少年时期留学澳大利亚的经历成为了此剧的素材，并经过许多年的修改、加工和润色，最后呈现给观众这部发人深省的少年剧。戏中的主角是四个低龄留学生，恰好切中了现在的社会热点，具备足够的话题性，十分吸引社会的关注。

第三，海派少儿戏剧 IP 的形式具有丰富性和综合性的特征。海派少儿戏剧 IP 形式丰富，可以融合杂技、舞蹈、音乐等形式来呈现。例如海派少儿戏剧《蔬菜家族》(如图 3.2)，这是发生在一个蔬菜大棚里的有趣故事，每一种蔬菜都标榜自己是最棒的最好的，为了证明自己的与众不同，他们想

图 3.2 《蔬菜家族》剧照

方设法通过各种途径表演自己的独门绝活。戏中除了蔬菜们的表演，蚂蚁、青蛙和蜜蜂等小动物加入进来，每个人玩得不亦乐乎。然而，当敌人来临时，蔬菜们惊慌失措，急着躲避。蜜蜂小精灵挺胸而出，号召大家团结一致对付敌人，并获得了最终的成功。这部精心打造的少儿剧，融合了戏剧、舞蹈、杂技和音乐等元素，是少年儿童们的一场精神饕餮盛宴。

第四，海派少儿戏剧 IP 的舞台呈现符合少儿心理。海派少儿戏剧 IP 有自身鲜明特点，对舞台布景十分考究，有细致入微的人物造型，而且十分重视与孩子们的互动。例如少儿戏剧《水果家族》，水果们性格各异，“胖苹果”天真烂漫，“雪梨妈妈”温暖可爱，“榴莲爸爸”性格急躁，当一家人出门游玩，踏上了一场快乐的奇幻冒险之旅。《水果家族》舞台布景十分惊艳，人物造型可爱吸引人，并且在戏剧表演者穿插着与观众的互动，收到了孩子和家长们热烈反响。深化文化体制改革是“十三五”规划的重头戏，日益繁荣的少儿剧市场会带来更多的优秀作品，满足广大儿童和家长的精神娱乐需要。

第五，海派少儿戏剧 IP 注重打造寓教于乐的效果。目前国内少儿戏剧存在着一个严重的问题，就是原创性不足，普遍的做法是翻拍其他国家著名童话剧目，但这些剧目创作年代已久远，脱离了“00 后”“10 后”们的生活，不接地气，远离他们的成长空间。如何才能够让孩子看到一部既能让他们开心，又能获得知识的寓教于乐的少儿剧。一部出色的少儿舞台剧，务必具有多个要素，比如既能让儿童在愉悦的心情中掌握个人卫生安全防护等实用技能，又能理解一些科学和人文知识；既能让孩子在情感方面有所触动，还能引发亲子话题、促进亲子互动和增进亲子感情。

《蔬菜家族》和《水果家族》这两部出色的原创少儿剧，极好地符合这些元素要求，另外《水果家族》还基于 IP 扩展而推出了“乐园版”，为儿童和家长提供了角色扮演的机会，儿童和家长除了能够现场观看戏剧，还能亲身体验戏剧演员，与剧中职业演员近距离交流，深入体验家庭和友谊的重要性。

第三节　海派少儿戏剧 IP 发展过程中的问题

虽然海派少儿戏剧 IP 已经取得了比较优秀的成绩，而且在全国也具有较强的示范性，但是从文化产业转型升级与 IP 经营的高度来审视，还是能够发现其中存在的诸多问题，从业者应当对此保持清醒地认识与深入研究，为更科学地解决各种限制性地问题创造条件。

第一，目前海派少儿戏剧 IP 还存在内容单一、原创剧本缺失的问题。海派少儿戏剧 IP 在经历了一个漫长的发展过程后，虽然新作品不断涌现、说教性的内容减少，但是戏剧故事内容还是太过单一，故事内容模式存在雷同的现象。除此外，与外国经典相比，海派少儿戏剧 IP 对孩子心灵需求及表达形式的探索依旧需要不断提高。

虽然市场上有数量相当多的电影、电视剧和舞台剧以学前少儿和中小学生作为目标受众，但上乘之作寥若晨星，许多作品内容创作无新意，角色设置老套，剧情幼稚或缺乏逻辑，内涵不足。原创剧本的缺失，就是一个很严重的问题，这直接造成了海派少儿戏剧 IP 的市场定位精准度不高，不同年龄段学生难以找到适合他们观看的戏剧艺术。

海派少儿戏剧 IP 的思想深度是一个值得探索的重要内容。一方面，孩子的世界是天真的却不是无知的。另一方面，海派少儿戏剧 IP 的对象不仅仅是孩子们，也可能是带孩子们来观看戏剧的家长或者教育工作者们。在观看戏剧的过程中，家长们和教育工作者们也同样可以从少儿戏剧中了解到孩子们的世界是怎样的，怎样拉近与他们之间沟通的距离，并且从中学到教育他们的方法。

第二，海派少儿戏剧 IP 在新的少儿文化传播媒介及方式前缺乏竞争力。信息大爆炸时代，注意力成为了一种稀缺资源，包括少年儿童的注意力被极大地分散。处于少儿阶段的孩子，有着天马行空的想象力，猎奇心理强，而盛行个人英雄主义的好莱坞大片如《美国队长》《蜘蛛侠》和《复仇者联盟》等，融合宏大的场景、炫目的特技和个人英雄主义色彩为一体，极大地满足了少年儿童的生理和心理需求。有观点戏称中国电影和美国电影的差距隔着一个好莱坞，而海派少儿戏剧离欧美的差距或许更远，与欧美少儿戏剧相比，海派少儿戏剧 IP 存在着资金、技术、价值观和想象力的差距，资金和技术相对容易解决，但想象力的匮乏和价值观表达的苍白无力只会把少年儿童推向可玩性更高趣味性个强的其他媒介形态，海派少儿戏剧 IP 存在发展瓶颈也就成了自然而然的结果。

第三，海派少儿戏剧 IP 面临投资渠道单一的问题。投资渠道相对单一，也是海派少儿戏剧 IP 很难做大做强的原因之一。国内儿艺少儿剧经费来源主要分两部分，一是剧院经营活动收入，包括票房销售、教育培训、出租费用和周边产品销售等，二是政府每年会有一定的经费补贴。除此之外，不存在戏剧之间的联合拍摄，与其他公司联合拍摄这一块也是空白。直到 2005 年亲子剧场的成立，才得到多个单位的资金、人力和物力的支持。巧妇难做无米之炊，资金的匮乏很难长久地支撑制作和表演一部精良的少儿戏剧，只能靠低成本运营。

国内目前的状况就是少儿戏剧制作的经费远远少于成人戏剧，一般而言普通的少儿戏剧成本在数十万，制作经费的拮据，逼得少儿戏剧创作人员一分要当两分花，编剧在剧本创作时考虑设计的场景和情节尽可能地经济和简单，甚至能不花钱。这带来的后果就是道具单一甚至粗糙、场景布置贫乏充满廉价感，这种低成本，不可避免地会影响到少儿戏剧的质量。

第四，海派少儿戏剧 IP 面临后备优秀人才不足甚至断档的问题。国内目前专业的少儿戏剧团寥若晨星，甚至一些剧团导演和编剧的岗位长期空缺，专业人才匮乏的问题已经十分严重。少儿戏剧的人才来源主要有两个途径，一是高校戏剧专业毕业学生，另一个是社会上的戏剧创作者。国内开设戏剧专业的高校数量不少，培养出来的戏剧创作人员数量十分可观，加上社会上存量的自由创作人员，本可以满足少儿戏剧的人才需求，但少儿戏剧稿费低，难出名气，投入产出比不高，对戏剧在校生而言这是一条前途暗淡的道路，而对社会上的戏剧创作者这是一件十分鸡肋的职业，所以从事少儿戏剧的人寥寥无几，优秀的戏剧专业人才更是可遇不可求。在这样的条件下，想要产出高质量、有深度的作品，基本上是奢侈之谈，没有人，少儿戏剧的发展成了无水之源，终有一天枯竭。

“中国少儿戏剧产业发展的瓶颈是戏剧人才的稀缺。伴随着电子媒介时代的到来，少儿戏剧要想适应时代的发展，应该把重点放在戏剧人才教育上面。对于少儿戏剧人才的培养是一个漫长的过程，它需要国家在教育的各个方面给予支持和帮助。它不仅需要可以制作出高品质少儿戏剧的创作者，还需要有能够进行商业运作、拉动产业链条的专业经营管理人才，全面补充中国少儿戏剧的人才需求”①。少儿戏剧的演员群体也面临着这样的困境，目前少儿剧团普遍存在缺乏优秀的戏剧演员。作为一个特殊的戏种，少儿戏剧对演员除了有专业的歌舞才能要求，还必须掌握好少年儿童的心理特点，这个职业同样存在投入产出比不高的问题，待遇低导致了很多优秀少儿戏剧演员被迫转行。

第五，海派少儿戏剧 IP 依旧属于产业链条上相对孤立的环节。少儿艺术剧院在少儿文化产业链方面缺乏有力的拓展，没有对戏剧产品进行深度开

---

① 陈晴：《浅论中国当代儿童戏剧发展及策略》，上海师范大学 2013 年硕士学位论文。

发，与之形成鲜明对比的是国外少儿文化公司在国内的强势布局。比如风靡全球的漫威动画，是美国最火热的英雄主义 IP，自诞生之初，就备受少年儿童的追捧，经过多年的深耕细作，漫威系列的商业价值也得到极大的开发，除了漫威动画，还拍摄了漫威系列的电影，制作发行游戏产品和销售漫画玩具等大量周边产品，由此带动一个庞大的产业链，堪称少儿文化产业开发的典范。

我国的 IP 衍生周边产品开发具有巨大的市场潜力和开阔的发展前景，但是从具体的市场情况来看，海派少儿戏剧 IP 周边产品的开发可以说是心有余而力不足。比如《马兰花》作为一部家喻户晓的童话剧，少儿话剧团做过相关的尝试，将其拍摄成动画电影，改编成漫画和编排为越剧，并没有取得让人满意的效果，市场反响不强，没有衍生出新的马兰花。在海派少儿戏剧 IP 周边产品开发方面，国内仍处于起步和探索阶段，海派少儿戏剧 IP 尚未形成完整的产业链，少儿戏剧孤立于其他文化产业。

第四节　海派少儿戏剧 IP 的条件

虽然海派少儿戏剧 IP 在发展过程中存在不同层面的问题，而且要充分突破瓶颈也非一朝一夕之功，但是我们也应当看到海派少儿戏剧 IP 发展的有利环境与条件，充分挖掘有利于海派少儿戏剧 IP 创新发展的支持因素，吸引更多地资源向这一领域聚集。

第一，国家与上海市均充分重视优秀少儿戏剧的培育，在政策层面不断予以支持。国家对文化产业的大力支持，不断为其努力创造公平、有利的政策环境，国家“十三五规划”系统论述和安排了文化产业发展的阶段目标，提出了思路措施，制定一系列政策和制度保障，大力推动文化产业的发展，为推动文化产业又好又快发展，实现文化强国的目标指明了方向。海派少儿戏剧 IP 处于多重政策支持的交集之下，如何利用有利的环境推动跨越式发展是从业者需要认真思考的问题。比如随着我国“一带一路”战略的推进，相应的政策也在不断完善，比如《文化部“一带一路”文化发展行动计划（2016—2020 年）》指出期间的工作重点是建立“一带一路”文化交流合作机制、搭建“一带一路”文化交流合作平台、塑造“一带一路”文化交流品牌、促进“一带一路”文化产业繁荣发展、加强“一带一路”文化贸易合作[①]，上海市在“一带一路”的发展中处于重要的战略地位，在国际交流中促进海派少儿戏剧 IP 创作水平提升、推动优秀 IP 走出去是难得的发展机遇。

第二，市场对优秀海派少儿戏剧 IP 的需求不断增加。孩子的培养对每一个家庭来说都是极为重要的，而且随着国家二胎政策的施行，少儿数量在不断增加，市场对优秀少儿戏剧的需求也在增加。这种优质需求，对海派少儿戏剧 IP 来说是一个很好的条件和机遇。根据智研咨询发布的市场报告，数据显示近几年我国少儿话剧市场呈现景气现象，表现为少儿话剧演出观众人数和票房收入稳定增长，2015 年少儿戏剧观众达到 534 万人次，比上一年度上升了 11.3%，2015 年少儿戏剧票房总收入 8.96 亿元，比上一年度飙升 1.56 亿元。国家二胎政策的实施会给少儿戏剧市场带来潜在的红利，少儿戏剧有望迎来新一轮爆发期。

第三，上海发展少儿戏剧 IP 具有地域优势。与北京、西安等古都相比，上海的历史不算悠久，但作为中国近现代史的一个缩影，中西文化碰撞融合的前沿，上海有着极其丰富的文化资源。上海的地理位置优越，便于通商，便于对国际先进的戏剧理念的引进。上海的少儿戏剧市场好，青少年对少儿戏剧的需求高。上海的少儿戏剧的人才条件好，具有悠久的少儿戏剧历史传统。上海是少儿戏剧艺术的集聚地，也是上海发展少儿戏剧的优势之一。上海有上海戏剧学院等专业院校，培养了大批戏剧的接班人才。上海的文化产业发达，便于优秀 IP 作品的产业链的开发。

---

① 《文化部“一带一路”文化发展行动计划（2016—2020 年）》，http://news.xinhuanet.com/culture/2017-01/06/c_1120256880.htm

第五节　海派少儿戏剧 IP 的发展策略分析

通过对海派少儿戏剧 IP 存在问题与面临机遇的分析，其发展策略已经比较明晰，充分利用有利条件、抓住政策与市场等多个层面提供的发展机遇，有针对性地解决各种瓶颈与问题，是海派少儿戏剧 IP 不断发展的方向。首先，提升 IP 创新能力是海派少儿戏剧持续发展的根本，当前很多剧目普遍存在缺乏互动、观赏性不足和题材单一等弊病，这种缺乏匠心精神、不经过仔细打磨就推向市场的做法是对社会效益与长远效益的无视，将会严重影响国内少儿戏剧市场的发展，发挥工匠精神、仔细打磨作品是海派少儿戏剧 IP 发展的基础。其次，整合市场势能、聚集优势资源实现海派少儿戏剧 IP 的聚合式发展，随着少儿戏剧市场进入上行通道，越来越多公司和机构跃跃欲试，希望在少儿戏剧市场分一杯羹，这有利于少儿戏剧资源、人才的聚集，对少儿戏剧的长远发展起着至关重要作用；按照市场规则、激发优秀海派少儿 IP 的影响力，促进资源聚集，不断扩大业务形态与覆盖范围，是海派少儿戏剧 IP 需要思考的路径。最后，基于家庭场景的海派少儿戏剧 IP 衍生策略，家庭教育已经成为社会的共识，亲子类项目成为家庭教育场景重要的组成部分，海派少儿戏剧 IP 需要把握这一趋势、顺应市场需求，基于优秀 IP 打造与亲子场景相关的各种形态的内容产品。

第四章　海派少儿电影 IP 发展策略

自中国电影体制改革以来，中国电影产业发展逐渐壮大，在影片创作以及电影票房市场上都不断保持着良性高速的发展态势。尤其是儿童电影市场发展迅速，无论是国产儿童电影如《喜羊羊与灰太狼》，还是海外进口儿童电影如《功夫熊猫》都一度获得观众的一致好评和超高的票房市场。然而，在中国儿童电影发展迎来黄金之际，海派少儿电影 IP 的发展却不容乐观，竞争力不断下降，逐渐失去了昔日的辉煌，这不得不值得我们深思。

而上海又是中国早期的儿童电影的发源地，有其独特的历史文化积淀和优势，我相信只要我们敢于融汇百川、敢于创新、积极进取以及凭借其优越的地理位置，海派少儿电影 IP 一定会走出目前的困境，重现昔日的光芒。

第一节　海派少儿电影 IP 市场现状

上海是中国近代最早兴起的一批城市，也是我国近代电影的发源地，上海独特的地域人文背景和发展历史，造就了自成一家的海派文化体系。并且海派文化作为一种兼容并包、汇通古今中外的独特文化，具有深厚的文化底

蕴，几乎集纳了中国早期电影的全部发展历程，并不断紧跟时代潮流，在基础上形成了“独具一格”的文化结构印迹。海派少儿电影 IP 一度成为中国电影史中灿烂的一笔，虽然目前的发展现状与历史最佳阶段存在一定差距，但还是具有一定的典型性与代表性。

由于经济的不断发展和生活水平的提高，人民的消费需求更加多样化，娱乐消费在总消费中所占比例越来越大，精神文化消费更是逐渐成为主流。而电影在人民的日常文化消费中占有重要位置，近些年来中国电影市场的总观影人数和人均观影人次都呈现出不断增长趋势。从市场分布来看，中国的一线大城市成为中国电影市场的主力军，特别是像北上广深这些大城市，由于其经济发达、基础设施健全、影视资源丰富、消费需求大，有利的带动了中国电影市场的发展。另外，多项调查数据显示，中国电影的主力消费群体多数为年轻人，并且青少年观众越来越多，对少儿电影的需求不断膨胀，尤其在儿童节和寒暑假档期。所以，在中国电影市场总体良好发展的态势之下，海派电影市场以及海派少儿电影 IP 的发展不断壮大也是其必然趋势。

不过，虽然海派少儿电影市场日渐变大，票房逐年增多，呈现良性发展趋势，但是还是不够成熟，在其发展的过程中进行一些深思也是必然要求。比如衡量优秀海派少儿电影 IP 双重标准是否能够推行，即一部好的少儿电影不仅要在票房市场取得巨大成就，还要在艺术上、思想上获得国民的认可，更确切的说是海派少儿电影 IP 除了娱乐性、市场性之外，是否能够对我们下一代具有教育意义；海派少儿电影能否继承的优良的海派文化传统；反应海派传统少儿生活背景的电影能否获得这个物欲横流时代的认可；“海派少儿电影 IP 之王”——上海美术电影制片厂能否重现昔日的王者风范，创造出更多的经典作品；海派少儿电影的产业化发展是否行得通；海派少儿电影 IP 能否在这个竞争激烈的时代立足于中国本土以及冲出亚洲走向世界，这些都是海派少儿电影 IP 存在的问题。

第二节　海派少儿电影 IP 艺术特征

海派少儿电影 IP 由于其深厚的历史底蕴和文化背景，形成了独特的艺术魅力，归纳起来具有以下几个特征：继承性、地域性、多元性、教育性、商业性。这几个特点深刻的体现了海派文化融汇百川、博大精深的文化发展传统，也反应了国人对少儿电影的务实性、思想性、艺术性的追求。不过由于这些特点，也在另一方面暴露了海派少儿电影 IP 在其开拓性和创新性方面的不足。

一、源远流长——继承性

海派少儿电影 IP 诞生于上个世纪，而我国第一部动画美术片《纸人捣乱记》也诞生在上海，可以说上海不仅是我国电影业发源地，也是我国儿童电影的诞生地，具有深厚的文化底蕴，无论在电影应题材，还是在人物设计上都继承了博大精深、源远流长的中国传统文化。例如由上海美术影视制片厂生产的电影《哪吒闹海》《铁扇公主》《大闹天宫》其题材都源于中国传统文化，《哪吒闹海》是源于中国商周时期李靖的三子哪吒的原型，主要讲述陈塘关李靖之子哪吒与东海龙宫之间的恩怨情仇，而龙也是中国传统文化十二生肖中的一员。《铁扇公主》《大闹天宫》是源于中国四大名著《西游记》的片段改编的儿童电影。这几部电影一经上映就获得人民的认可，不仅获得了巨大经济效益，还在儿童群体中对中国传统文化进行了有效宣传。

二、自成体系——地域性

俗话说“一方水土养一方人”。文化同样如此，上海由于其特殊的历史发展历程和地理位置使其形成了自成一体的地域性文化即海派文化。而海派少儿电影作为海派文化的重要组成部分，具有与其极为相似的特点，这也是与其他文化的不同之处。一方面，海派少儿电影 IP 富有浓厚的上海地方特色文化色彩，比如影视中上海人多表现为客观、理智、冷静的人物特点，追求自由、平等。另一方面，由于其自身的局限性也在一定程度上束缚了海派少儿电影的发展，如上海人局限于一方水土，少于进取，除此之外多数海派少儿电影中具有排外的元素融入，这在某种程度上严重阻碍了海派少儿电影 IP 的发展和开拓创新。

三、融汇贯通——多元性

中国文化自古就有融会贯通、多元并包、兼容并蓄、开放进取、吐故纳新的特征，而上海地处古今文化的交接点和中外文的融合处，这就形成了融汇百家的多元化的海派文化结构，相应的海派少儿电影 IP 在题材、风格、人物特征、表现手法也具有了多元的艺术特性。这就满足了当地人民多样性的文化需求，同时上海观众也在海派文化的熏陶下形成了新颖的观影风格，即不过于完全禁锢，沉醉于中国式的美学情感，也不抛弃本源全盘西化，而是将两者趋于融合，追求中庸之道，同时也注重强调审美情趣上的个性化发展，不拘一格，多样化的表现风格，将故事情节和主题思想与现实生活的丰富多样性、易变性、发展性和未知性相结合。这就为海派少儿电影 IP 的发展和开拓进取奠定了深厚的文化基础。

四、启迪人生——教育性

中国自古以来就注重教化，海派少儿电影 IP 自从其诞生之日起除了娱乐功能之外，就以教化为初衷，即所谓的“文以载道”。而儿童作为祖国的未来，其思想理念更被视为教化的重要内容，通过电影来对儿童人生观、价值观、世界观进行指导，使其从中学到人生必备常识。并且海派少儿电影 IP 拍摄之时就着重从培养儿童需要出发，拍摄适合儿童需要和欣赏的理解的电影，以此在潜移默化中对儿童进行教育。如早期上海美术电影制片厂制作的儿童电影《南郭先生》告诉儿童不要不懂装懂、蒙混过关，一定要诚实的道理；《三个和尚》告诉儿童在现实生活中要懂得合作的道理，要用正确的方法处理与其他人之间的关系，否则就会像三个和尚一样没水喝；《皮皮的故事》是一部以健康为主的儿童影视，通过十则小故事告诉小朋友如何在日常生活学会保持健康等。

五、利益诉求——商业性

电影作为一种商品具有多重属性。海派少儿电影 IP 除了具有教化作用外，同样也具有商业性属性，对电影票房追求也是其必然要求。上海作为中国近现代的金融中心，早期的少儿电影特别注重对商业利益的追逐，通过对消费者心态密切关注，并根据消费者的需求制作出符合大众口味的儿童电影，同时不断适应市场的变化，满足市场的需求，最终获得较高的利益回报。但是如果过分追求商业性，必然会顾此失彼导致其艺术、审美、教育功能的缺失，最终会使海派少儿电影 IP 发展处于不利的发展形势，我们应该统筹兼顾在追求其商业性的同时，应该更加注重其艺术审美的特性，只有这样才能使海派少儿电影 IP 健康可持续发展。

第三节　海派少儿电影 IP 发展过程中的问题

在第一节已经论及海派少儿电影 IP 存在的部分问题，在此将对其进行专门分析。纵观海派少儿电影 IP 发展历程，特别是进入新世纪以来，无论在创作方面还是在理论研究方面都处于极其被动的地方，家喻户晓的海派少儿电影作品更是屈指可数。海派少儿电影 IP 具体来说主要归纳为以下几个问题：儿童电影市场投资渠道单一，恶性循环；顾此失彼，优秀作品屈指可数；人才流失严重，开拓创新性差；娱乐化倾向严重，文化内涵逐渐缺失；

传播渠道狭窄，营销策略单一；战略部署不明确，产业化发展落后。

第一，海派少儿电影市场投资渠道单一，恶性循环。俗话说“十部电影九部赔”，少儿电影是一个高投资、高收益、高风险的行业。海派少儿电影的经费来源比较单一，基本源于企业自有资金和政府补贴，而经费的缺失导致儿童电影创作人员在进行拍摄和后期制作时东挪西借，编剧在创作剧本时为了节约成本，尽可能使场景设计布局少花钱，甚至不花钱，这必然会使儿童电影作品质量大大降低。同时单一经费来源致使海派儿童电影无法引入新技术，进行大制作，不得不进行低成本制作，同时也无法进行有效的影片后期宣传营销，进而导致市场票房不被看好，上座率比较低，甚至于电影难以进入电影院线进行放映，以至于海派少儿电影 IP 的制作成本无法回收，最终促使编剧、导演、投资商、制片人更加不愿对海派少儿童电影 IP 投资生产，久而久之加剧了海派少儿童电影市场的病态特征，而这样的恶性循环最终严重的阻碍了海派少儿电影 IP 的发展进步。

第二，优秀 IP 作品屈指可数，创造发力。随着社会的进步，进入新世界以来，海派少儿电影的作品数量虽然呈递增趋势，但作品质量令人堪忧优，优秀作品越来越少，能够使观众铭记于心的高质量的电影 IP 更是屈指可数，反而充斥在上海这座国际大都市荧幕上却是外国少儿电影如《功夫熊猫》《飞屋环游记》《花木兰》《当怪物来敲门》等。这不得不令人深思，为什么国外儿童电影在中国如此受欢迎，而且多数作品的原型源于中国元素或历史人物。反观近几年的海派少儿电影 IP 越来越差，电影中多数被滑稽荒诞、虚无缥缈、低俗谄媚的元素充斥着，并且更多的部分故事情节并非源于现实生活或书籍改编，而是胡编乱造，脱离客观实际，甚至一些历史题材的儿童电影与历史客观事实脱节而走向了虚幻历史主义方向。

第三，娱乐化倾向严重，文化内涵逐渐缺失。早期的海派少儿电影 IP 其教化育人的功能非常突出，然而随着时代的进步，受这个物欲横流的国际大都市影响，海派少儿电影 IP 的娱乐化倾向越来越严重，文化内涵逐渐流失。虽然娱乐性是电影的一个重要属性，但是如果为了迎合受众而过于功利化、低俗化，一味着追求经济利益，而完全忽略社会效益，那么势必违反了“文以载道”中国文化传统，势必会使一部分青少年的价值观、人生观、世界观受到弯曲。影片拍摄在追求经济利益的同时更应该以育人教人、净化心灵、宣扬正确的价值观为目的，而不是过度宣泄，过渡迎合世人。因此，海派少儿电影 IP 发展更极其需要具有文化内涵，思想精深、艺术深厚、技艺精良以及能够传递主流价值观、人生观、世界观，传递真善美的优秀作品。

第四，人才流失严重，开拓创新性差。人才流失是海派少儿电影 IP 发展的一个重大损失，近年来由于一些主客观原因导致创作人员流失严重，这也成为了其发展停滞不前的一个重要原因。而人才流失进而导致了海派少儿电影 IP 的开拓创新性差，在文艺创作方面表现为缺乏实质性突破，多数作品大同小异，儿童电影题材单一贫乏，内容空洞浅薄枯燥无味，故事情节毫无新意，人物刻画生硬死板等。在后期制作方面表现为，技术落后，对高新技术格式影片和特效等数字特技的涉猎甚少，并且基础设施差，多数仍停留在传统的动画技术层面，画面质量差，音质处理粗糙等，给观众带来了极差观影体验。这在某种程度上大大降低了海派少儿电影 IP 作品的质量，使其严重滞后于世界其他国家的儿童电影发展的脚步。

第五，传播渠道狭窄，营销策略单一。对于电影来说，其传播渠道和营销策略往往是电影能否取得名利双收的重要环节，而传统的“酒香不怕巷子深”时代已经时过境迁。海派少儿电影 IP 的发展缓慢的另一个重要原因就是多数海派儿童影视无论是前期策划、中期拍摄还是后期制作和放映发型几乎没什么宣传活动，传播渠道狭窄，营销策略单一，最终使电影曝光度和知名度都比较低，观众无法获得其上映信息，从而导致电影市场票房较低。而国外儿童影片还未在中国上映就在微博、微信以及各大新闻媒体大做文章进行高调宣传，从而获得了较高的曝光度和知名度，进而能够取得较高的电影票房收入。比如《功夫熊猫 1》《功夫熊猫 2》等外国少儿电影为在中国取得较好市场效果，就利用中国国宝熊猫元素作为噱头通过各个途径进行大力宣传，从而获得较高的电影票房，最终名利双收。

第六，战略部署不明确，产业化发展落后。海派少儿电影 IP 的发展滞

后的另一个重要原因就是其战略部署不明确，没有具体可执行的战略战术以及儿童电影产业化意识淡化，对于衍生品的开发不够深入，一部少儿电影就是一部纯粹儿童电影，几乎很少有与之想配套的衍生产品被开发。而一部成功的电影作品不仅要取得名利双收，还要有产业化思维对其进行深入产业化开发比如周边产品的开发（儿童玩具、衣服、游戏、纪念品等）、版权的转让授予（电影版权、各大网络运营商、各大电台等）都能给其带来可观的价值。如果战略部署不够明确，衍生品意识淡薄以及后期宣传力度不够，会直接导致对受众对该影片的陌生，市场不被看好，这样其周边的的开发更加困难，资金收回难度加大，所有的努力只能付之东流。

第四节　海派少儿电影 IP 的条件与机遇

海派少儿电影 IP 虽然在发展过程面临着许多挑战，不过在新时代下海派少儿发展也有很多有利的条件和机遇，这就为海派少儿电影 IP 的发展带来了希望。只要我们能够充分利用这些有利条件和紧紧抓住这些机遇，相信海派少儿电影 IP 会有更好的发展。具体的条件和机遇来说归纳起来主要为以下几方面：政府助力电影产业发展新政策；电影融资渠道多样化；市场公平竞争机制逐渐形成；观众需求多样化；数字技术不断革新；观影渠道多样化。

一、政府助力电影产业发展新政策

文化产业是国民经济支柱产业之一，而电影产业属于文化产业的重要组成部分，必然会得到了国家和政府的大力支持。据新闻报道，为了促进海派电影的发展，提高海派电影在国内乃至国际上的竞争力。上海市政府先后发布《关于促进上海电影发展的若干政策》其内容涉及广泛包括财政、税收、金融、用地、人才、区域发展、摄制服务等。如在市场环境方面颁布了相关法律法规来规范电影市场，使其朝着健康有序的方向发展；在人才培养方面创建人才奖励机制，给予优秀电影人资金、技术、政策等支持；在制作生产方面给予影视拍摄给予资金援助以及新的优惠政策；在基础设施建设方面政府通过减免税收，批准土地、发放财政补贴等方式给予大力支持，这就为海派少儿电影 IP 发展创造了有利条件。

二、电影融资渠道多样化

随着社会经济的发展，国家政策的引导以及影视投资机制的不断完善，作为高收益性的电影行业吸引了各种资本进军影视行业如风投、创投、基金等。这就为电影行业的发展注入了新的资本活力，这不仅可以为影视企业扩大发展引入新的筹资方式，而且也能帮助影视企业建立一整套完美的产业资本连和产业链，从而盘活了整个电影行业的运行机制，有利的促进了电影行业的发展，特别是对那些有好的剧本题材，而苦于没有资金支持的中小影视企业，这对于他们完成作品提供了重大资金帮助。另一方面随着互联网技术的发展，众筹、众包生产模式出现，一部电影完全可以通过网络众包众筹的进行生产创作，通过这种方式进行电影剧本征集、资金筹集、演员海选、电影拍摄、后期制作以及宣传放映等。

三、市场公平竞争机制逐渐形成

电影行业的发展势必要求良好的市场发展环境，随着国家对电影行业的相关的法律法规不断完善以及中国电影市场的不断发展，中国电影行业进入了快速发展阶段，并且经过长时间的摸索和探究，最终公平的竞争市场机制逐渐形成，这就为不同的影视企业的发展创造了有利条件。特别是自从改革开放以来，我国逐渐确立了建设社会主义市场经济的经济体制，充分发挥市场在资源配置中的作用，同时政府运用经济、政治手段对经济进行宏观调

控，使社会主义市场经济不断保持健康、快速、稳定的发展，这就为电影行业的有序发展创造了条件，并且可以使不同的影视企业在坚持公平性、竞争性、合法性的前提下，充分利用有限的资源进行电影生产，提高影视的生产效益和质量，最终减少电影资源浪费。

四、观众需求多样化

随着社会生产力的发展，人民收入的增加，消费者的需求无论在物质方面还是在精神方面越来越来越大，特别是在影视方面的需求更加多样化，为了适应观众观影多样性需求的趋势，各种电影类型层出不穷，如儿童剧、动作、剧情、爱情、科幻剧等；同时观众对演员、导演、剧情、环境、设备、服务、音效、票价需求更是众口难调。俗话说有需求就有市场，如何满足消费者需求成为电影是否能够成功的一个重要因素，这确实也成为电影能否获得高额票房的一个重要条件。海派少儿电影 IP 的发展可以在充分调查市场需求的前提下进行影视生产，这不仅可以精准定位市场需求，进行分类差别性生产，还可以减少制作成本，减少资源浪费，最终使海派少儿电影 IP 在市场中不断获得有力的竞争优势。

五、数字技术不断革新

由于科学技术的发展，特别是数字技术的创新使电影发展从胶片时代向数字电影时代过渡，这给整个电影产业各个方面带来了重大影响。数字化技术改变了传统的电影生产和经营方式，使电影业从生产到放映发生了深刻变革。在电影生产方面，利用数字技术拍摄电影不仅可以缩短电影的拍摄周期，还可以降低电影的拍摄成本，同时也使电影的表现手法更加丰富，特效更加绚丽。在电影放映发行方面，数字技术不但降低了影片运输成本和周期，还使电影的画面、音质有了大大提高，使观众的观影体验感更佳，同时利用数字技术还可以加强电影版权的保护。在影院经营管理方面，使影院日常经营管理更加方便，大大提高了影院的服务质量和节约了日常开销，从而降低了经营成本。

六、观影渠道多样化

互联网技术的发展以及数字电影的发展，给我们观看电影带来了新的变化，使我们购票、观影变得极其便利，同时也是我们观看电影的渠道有了更多的选择，我们既可以选择在网络上进行观看，又可以选择去实体电影院观看电影。据调查显示五年之前，我国多家互联网企业联合成立了电影网络院线，互联网逐渐成为了我国电影发行的第二大渠道，这不仅可以规范线上电影发行，还可以扩大电影的发行渠道，为电影收回成本，获取利益开辟了有利途径。根据调查统计数显示近几年一些热门影片网络售票比例超过将近一多半，网络观影人数也大大增加，同时随着实体院线数量的增多，人民的可选择性变大，这对于电影行业和电影市场的发展起了重要促进作用，有利的促进了整个电影行业和电影市场的发展。

第五节　海派少儿电影 IP 的发展策略分析

诞生在特殊的文化背景下的海派少儿电影，有过独霸中国儿童影坛的辉煌历史，为中国少儿电影的发展做过巨大贡献，遗憾的是改革开放以来，海派少儿电影 IP 独领风骚的地位逐渐丧失，陷入了发展困境。为了使其能够早日摆脱困境，重现昔日的光彩，我认为可以通过以下几种方法：整合资源，开拓融资渠道；坚持“内容为王”，提升作品质量；加强人才培养，储备后续力量；注重影视新技术的开发，进行积极创新；拓展营销渠道，多元化传播；加强影视衍生品开发，提升产业化水平。

一、整合资源，开拓融资渠道

融资渠道单一，资金短缺是阻碍海派少儿电影 IP 发展的重要因素之一，由于这一原因使海派电影在数十年里难以打造出优秀的作品，因此要想促进海派少儿电影 IP 的发展首先必须解决融资问题，并且融资问题的解决对提高海派少儿电影 IP 的核心竞争力具有重要促进作用。为此一方面我们要充分利用政府的财政补贴、税收等优惠政策促进海派少儿电影 IP 的开发，另一方面，我们可以吸收民间资本的注入如各种风投、基金以及利用互联网 + 条件下的众筹、众包模式进行资金筹集。并且，中小海派影视企业在依托政府支持和资本市场的投入的同时，也可以利用互联网 + 平台进行资源整合，实施垮地区、跨行业的进行合作重组，不断提高海派少儿电影 IP 的市场综合实力和市场竞争力。

二、坚持“内容为王”，提升作品质量

海派少儿电影要强长久发展，重现昔日的辉煌，必须坚持“内容为王”，不断提升海派少儿电影 IP 的质量。以质量求生存，以品牌求发展已成为广大影视企业发展的战略目标，在市场经济高度发达的今天，高质量的影视作品越来越重要，只有提供高质量的影视作品，才能最终获得观众的认可，才能不断提高自身的市场竞争力，才能不断在困境求生存。如果只为了追求经济利益而拍摄那些低质量，低俗的影视作品，虽然可以获得暂时的利益，但终究被市场所淘汰。因此，海派少儿电影市场要想做强做大，在增强创新的基础上，努力提高少儿影视作品的质量如影视作品的内容是否通俗易懂、是否具有启迪意义以及影视作品的技术、画风、音质能否获得观众的认可，给观众带来不一样的体验感。

三、加强人才培养，储备后续力量

人才是一切行业的竞争的关键，海派少儿电影 IP 的发展正面临的突出问题就是专业性人才的缺失问题，虽然进入新世纪以来海派少儿电影行业的从业人员在不断增加，但多数从业人员的素质结构与现代化的儿童影视市场人才的需求结构却相差较远，综合性海派少儿电影人才非常缺失，而人才的缺失导致海派少儿电影无论在创作还是在技术上都缺乏竞争力，严重的阻碍了海派少儿电影 IP 的发展。因此，要想使海派少儿电影 IP 不断发展，相关机构人员以及企业必须加强人才的培养，不断储备后续力量，不断培养出专业化水平高的创作人员、技术人员、制片人员、经营人员、管理人员等，只有这样海派少儿电影 IP 才能够增加自身市场竞争力，才能够可持续发展，才能够创作出更多的优秀作品。

四、注重影视新技术的开发，进行积极创新

科学技术的发展，特别是数字影视技术的发展给电影的带来了深刻的变革，使电影业从胶片时代向数字时代过渡，也使电影摆脱了机械复制现实生活的传统，将人类天马行空的想象转化为现实，扩大电影的表现空间和表现能力，给电影业的发展插上了腾飞的翅膀。但在数字影视时代背景下，数字技术在海派少儿电影中应用却极为罕见，仍然停留在传统的儿童影视技术层面，影视技术缺乏突破，儿童影视剧情、表现手法陈旧单一。因此，要想重新振兴海派少儿电影 IP 使之重回巅峰，我们必须注重影视新技术的开发，不断积极创新，提高海派少儿电影的技术含量，增加海派少儿电影的表现形式，同时也要不断开发新型儿童电影放映模式以及运用数字影视技术提高儿童影视的表现力等，只有这样，海派少儿电影 IP 发展才能越来越具有市场竞争力，才能获得更多观众的认可。

五、拓展营销渠道，多元化传播

海派少儿电影难以振兴的另一个重要原因是其对儿童影视的营销宣传力度不重视。在这个信息过载的时代“好酒也怕巷子深”，即使拍摄出了优秀的儿童影视作品如果不重视营销宣传，最终也不会获得良好的收益。这就好比生产和消费的关系，如果只单纯的生产而没有消费那么生产链就会断裂，生产就无法进行。因此，一部电影的创作成功应该从其前期准备，到中期拍摄制作，再到后期的上映都应该有重点、有策划的通过多渠道、多手段进行宣传。例如 2009 年上映的小成本儿童电影《喜羊羊与灰太狼之牛气冲天》，虽然不及国外高质量的儿童电影，但上海文广集团通过旗下 13 个频道、多个广播频率以及通过各种新媒体进行多渠道的营销宣传，使得电影即将上映的信息得到了广泛传播并且深入人心，最终创造了全国票房 6800 万元的佳绩。

六、加强影视衍生品开发，提升产业化水平

儿童影视产品本身有巨大的市场空间，同时其衍生产品市场空间更大，一部成功的儿童电影作品，在获得高额的市场票房和得到社会上较多观众的认可的同时，更应该将儿童影视作品作为一个品牌进行开发，并不断努力拓展其衍生产品，延长其产业链，提升其产业化水平，如不断开发其周边产品玩具、游乐园、纪念品、文具、图书、音响、服装、餐饮等。通过对儿童影视周边产品开发不仅能够扩大其影响力，获取丰厚的利润，还能够节约资源，促进儿童电影的可持续性发展。例如美国迪士尼公司通过不断加强影视衍生品的开发，延长产业链，提升其产业化水平，从而获得了巨大成功。因此，海派少儿电影 IP 的发展应该不断加强对每部优秀儿童影视的衍生品开发，增加其附加价值。

第五章　海派少儿电视 IP 发展策略

上海市少儿电视节目的拍摄比较早、投入的资源也比较多，所以在全国具有较大的影响力，为 IP 化的发展和运营打下了比较好的基础。比如随着电视频道制改革的深入，在 2004 年 7 月 18 日，上海东方少儿频道以连续直播 5 小时的方式，在这片富饶之地宣布自己的“诞生”；东方少儿频道是上海儿童电视节目的制作中心，每天开播十多小时，长时间的录播各种类型的节目，譬如少儿动画、少儿综艺节目、少儿娱乐情景剧等。在持续的创作和生产的过程中，上海儿童电视节目制作认真贯彻和落实党中央、国务院《关于进一步加强和改进未成年人思想道德建设的若干意见》，同时秉承为儿童服务的思想，制定好各项战略、战术规划，以平台为支撑，创作了更多更好的优秀节目。本章节将以海派少儿电视 IP 的现状、特点、SWOT 分析、国外优秀经验、未来发展策略进行展开。

第一节　海派少儿电视 IP 现状

上海市各个电视台高度重视少儿电视节目，一再强调要加强和改进未成年人思想道德建设，并把繁荣少儿电视节目纳入其中作为一项重点任务进行

部署，提出明确要求：将儿童电视节目作为重要战略任务，需要不断进行筹划和调整，明确少儿节目的发展路径，使得少儿电视 IP 的发展更加具有活力。这个过程需要采取一系列的措施，譬如加强播出平台建设、强化节目播出、明确全天播出时间等，这些具体措施在实践中都取得了明显的成效。具体体现在以下几个方面：

一是明确各节目的定位。比如《荧星梦工厂》基于少儿的兴趣和需求，深度把握少儿心理特点和教育规律，所以在节目的风格上体现朴实的开心、高尚的心灵、真挚的天真和广阔的想象，让孩子们在通过自己的亲身体验，感受到世间的真、善、美，体验亲情友情等内涵，这样就符合少年儿童的认知心理，满足少年儿童的情感需求。

二是注重个人引导。比如《哈哈总动员》的节目设定，就是为了培养孩子们毅力、增强团队合作精神，并在这个实践的过程中，不断提醒和纠正不良习惯、提升综合素质，而在遇上没有独立意识、自我中心、身心素质差的孩子则给予孩子和父母必要的警示和指导，体现了少儿节目在未成年人成长中的正向引导作用。

三是注重时代性。将社会发展历程中的实践注入到节目当中，让孩子们在玩耍的过程中了解社会发展状况。譬如亲子关系、人际沟通、污染问题等主题的热点，在反映中国历史长河中的社会的家庭关系和少年儿童的成长环境，使得少儿节目更加具有社会意义。如《小神龙俱乐部》反映留守儿童的个人成长和爱护需求，不断地为他们提供正确的心理辅导和情感呵护，表现出少儿节目承载的社会责任和公益情怀。

四是采用最新媒体技术。很多少儿节目通过新技术的加入，在视听的效果上达到了身临其境体验，积极运用媒体技术做好节目宣传的形象展示、节目理念推广，不断加强与受众之间的互动和交流，使得节目的渗透力和影响力得到明显的提升。

当然我们也要清醒地看到，目前海派少儿电视 IP 在取得一定成绩的同时，还存在一些需要注意和改进的地方，主要表现在以下两个方面：

一是精品较少。国外优秀节目主导市场，特别是能够持续多年、影响着一代又一代。而上海少儿电视 IP 却一直以动画片为主导，在播出时间上占到了一半以上。除了这种用动画片和电视剧来填满空余时间段，没有更多精品节目吸引儿童，东方少儿频道除了几部自制的动画节目外，双休和寒暑假期间也基本上整天重复播放。

上海少儿电视 IP 在盈利和收入一块就显得更加困难，造成长期的生产制作恶性循环。再加上节目制作、运营团队也相对年轻，缺乏少儿节目的制作、经营经验，使得上海少儿电视 IP 的内容生产和节目运营变得举步维艰。从上海少儿电视频道目前的播出情况来看，所生产和播放的主要包括儿童文体类、比赛游戏类、才艺表演等几个模块，其中少儿的才艺表演是播放次数和时长最多的，另外大约三分之一的是少儿新闻栏目，另外播出还有科普、教育、谈话、儿童剧等受众较少的节目。

二是对海派少儿电视 IP 的专业研究还比较缺乏。比如美国知名少儿节目《芝麻街》，在世界范围受到了持久的欢迎，究其原因是他们的团队进行了超过上千项的关于儿童的健康、教育、节目的研究成果。他们在此基础上还对节目的播出效果、回馈开展评估，使得在以后的制作过程中进行内容、效果的升级。而对上海而言，真正意义上全方位、立体化的专业少儿电视 IP 研究机构还没有达到较高水平，需要他们在接下来的时间了，竭尽全力的在少儿心理、接受程度、认知方式等方面展开深入的调查分析，并结合上海少儿频道的制作特点和技术表现方式进行完美的制作和研发，为海派少儿电视 IP 的发展提供有力支撑。

第二节　海派少儿电视 IP 的特点

本书第一章已经对少儿 IP 的受众“少儿”进行了阐释，在此基础上根据儿童发展学的相关分析可以进行细分：“未成年孩子可分为四个阶段：0—2 岁为幼儿时期，这个时期的孩子在心智活动受感官和的交互作用影响；

3—6 岁为学龄前儿童阶段，他们基本上内心充满幻想、想象、游戏的心理；7—11 岁为儿童时期，求知欲望不断加强，自我的思想意识也开始到达萌芽时期，具备接收各种系统知识的能力；11—15 岁为少年期，他们这个阶段就开始渴望正真独立”；可以看出，根据儿童发展学中各个年龄阶段的孩子在心理汲取和成长的需要是不同的，所以也说明为什么不同年龄阶段的孩子在个人认知、信息接收方式等方面不尽相同，这也要求在进行儿童内容的生产过程中结合孩子们的特点进行对应产出，这样也就能使节目深入孩子们的内心，真正得到他们的欢迎。这也就成为海派少儿电视 IP 的第一个突出特点，那就是收视对象具有一定的特殊性。

在国外很多的例子说明孩子在不同的年龄阶段的审美观、认知行为、偏好需求都大不相同。比如：美国的儿童电视节目的定位就是特地为年龄在 13 到 18 岁之间儿童设定的；在欧洲各国也在根据不同年龄层次的孩子的接受内容进行细分，定位清晰。就目前的海派少儿电视 IP 来说，虽然呈现出种类多元、频道丰富的现象，但是由于很多节目没有明确各自的精准受众，他们一般将受众规定为大约小于 18 岁的孩子，更有甚者直接定位不大于 35 岁的受众都可以成为节目的对象，造成孩子们找不到适合他们年龄段的 IP 内容。

第二，海派少儿电视 IP 的节目内容注重“寓教于乐”效果。针对年纪较小的观众来讲，因为他们都是年龄偏小的孩子，这个时候的他们理解能力不强，自我学习和控制能力也没有形成，父母只是用自己一贯的方式让孩子们去接受新的东西。因此对于海派少儿电视 IP 制作来说，要求对孩子们的需求展开充分的剖析和解读，进而让孩子们能够在我们所想要表达的思想中完善他们的理解，并通过创新的表达形式和精彩的内容来吸引这些小受众。其实在孩子们的世界里，游戏是一种最严肃的工作，而并非成年人眼中的玩耍，孩子们是把严肃的目的与游戏过程中的快乐情绪结合起来。根据多年海派少儿电视 IP 传播的情况可以看出，儿童电视 IP 内容的制作更多的呈现形式是玩，也就是我们所说的“寓教于乐”的方式，这种以“玩”贯穿节目的始终，可以让孩子们感受不到因为录制视频的原因而导致紧张和拘束，同时作为受众也会深入其中尽情欢笑，这类节目一改原有教育类呆板严肃的氛围，在情节上也得到了很大的丰富，起到事半功倍的效果。

第三，海派少儿电视 IP 的内容模式存在一定程度的“成人化”现象。少儿电视节目过于“成人化”越来越普遍，比如广受大家关注的少儿真人秀，最早的少儿真人秀节目是 20 世纪 90 年代河北电视台的《超级宝宝秀》，发展到目前的少儿电视节目中，真人秀节目收视率当属最高。通过真人秀的节目形式，将孩子们天真、纯净、友谊的一面完美的表现出来，此后电视真人秀节目在全国遍地开花。但是在这个过程中，虽然“真人秀”节目受到了众多观众的喜爱，但我们也逐渐意识到其中忽略过于“成人化”的真人秀节目给少儿带来毒害的问题。譬如，很多节目安排少儿穿着艳丽，扮演成年人所经历的婚恋歌曲；也有些节目故意的戏谑未成年人，以成年人的世界观去批评少儿世界的认知，让他们出丑、失控，虽然获得了在收视率上的好成绩，但是对于年幼的他们将会造成巨大的伤害；另外就是有父母矛盾、家庭纠纷等问题，而对于这些这么幼小的孩子，不能够通过自身的理解来面对如此复杂的问题，最终的结局将会以孩子们的心理受创而收尾，海派少儿电视 IP 同样没能完全跳出这样的“循环”，存在业内普遍的“成人化”问题。按照法国当代心理学家 H·瓦互的看法：“此阶段儿童开始喜欢自以为是，显示自己的需要，学会自我装饰。儿童在表演类节目中为了获得胜出，被包装的‘成人化’，小礼服小西装塑造了一个个小大人的形象，未能从儿童心理出发，而是将成人世界带入孩子眼中，不利于儿童的心理健康，会造成虚荣心过强等戕害”①。

第四，海派少儿电视 IP 内容制作的商业化程度过大。海派少儿电视 IP 的主要受众虽然是儿童群体，在内容的制作和传播上虽然体现了以儿童作为传播的原点，但是由于市场经济政策的影响，必然会受到外力的干预，如果用力过猛将会导致节目的内容过度的商业化和低俗化的结果。对于盈利性组织来说，必然会导向一个结果，以唯收视率和广告收益为目的，导致海派少

① 张荣雪：《儿童真人秀对儿童的“商”害》，《青年记者》，2009 年第 23 期。

儿电视 IP 商业化的倾向。一个以公益性的和以教化目的的少儿节目一旦走上了商业化道路，公益的梦想也就很容易的被商业化所打败。

在上海部分儿童频道中，为了广告收入和利益，播出有奖竞猜、电视购物以及虚假内容、格调低下的医疗、药品广告；以电视购物的形式，直播销售那些所谓专家、教授推崇“救命良药”。这种行为导致儿童的视觉污染，“更加严重的是造成他们心灵的创伤，这就违背了东方卫视少儿电视频道所一直贯彻的‘坚持儿童优先的理念，坚持品牌战略，真诚服务广大少年儿童，以播出平台为核心，打造丰富多彩的视听产品’的初衷”①，值得庆幸的是，广电总局和相关部门已经认识到这一问题并且采取了各种监管措施，但是这一问题依旧值得海派少儿电视 IP 工作者注意和惊醒。

第三节　海派少儿电视 IP 的 SWOT 分析

为了能够更加全面地认识海派少儿电视 IP，在本节我们使用 SWOT 分析的方法，对其进行比较深入地分析，全面把握海派少儿电视 IP 的优势、劣势、机会与面临的挑战。

一、竞争优势

海派少儿电视 IP 依靠上海这一中国最发达的金融城市，在经济实力和消费水平上拥有其地域不可比拟的优势，再加上上海是长三角这片地域的中心，不管在本地还是浙江、杭州都拥有巨大的市场潜力，广阔的市场为少儿电视节目提供了大量的受众。同时因为上海作为国际化大都市，它的生产能力也是毋庸置疑，不仅靠自身强大的文化实力对全国各地全面推广，对于亚洲周

① 《上海电视台哈哈少儿频道——电视频道》http://outdoor.cnad.com/tv/htmlurl/31.html

边的影响也是不可忽视。现在随着人们的收入普遍提高，为上海少儿电视的发展提供了肥沃的土壤，要求少儿电视节目的内容和形式更加丰富、新颖。

对于国外优秀儿童电视的推广，也是上海、广东等这些沿海发达地区开展得最为得力，例如美国好莱坞动漫电影和日本的动画片，对于上海的儿童节目的发展起到了不可忽略的作用，特别是国外先进的制作能力、高超的技术、流程式的生产、艺术的表达等，至今上海儿童电视制作都在不断地探索和学习中。通过优秀作品的传播，使得这种交流的机会日益增多，为少儿电视在生产、制作、技术等方面的提升提供了更多的契机。

二、竞争劣势

正如之前所谈到的，少儿电视节目过于“成人化”呈现出越来越普遍的倾向。过度成人化的内容产品是海派少儿电视 IP 发展的巨大绊脚石。少儿电视频道卜卫在论述儿童的媒体参与权时说：“人们对儿童的电视参与常常会产生错误的理解，仅仅认为少儿节目拍摄了儿童或者将儿童请到演播室，这就是儿童参与了。貌似儿童已经在这个过程中参与一系列的活动，但实质上这种参与是在节目组的控制之下一步一步完成的，所以这种标准绝对是不正确的方式”[①]。在这整个活动的流程上实际上都受到成人的操控，所以在一定程度上我们还不清楚如何做到电视节目的少儿化，这对于海派少儿电视 IP 市场竞争存在缺憾，很容易败下阵来。

有一个很好的例子，就是菲律宾有一个少儿节目，他们前期的节目安排、中期的内容制作和拍摄、后期的效果呈现都是通过孩子们自己承担，通过孩子们分别担任新闻记者、节目主持、节目嘉宾，贯穿整个节目的始终，他们聊他们所关心的故事、新闻、创意设计、儿歌漫画等，受到儿童们的普遍欢迎。而我国的同类型少儿电视节目，大约时间在 20 世纪的七八十年代，

① 章凤珍：《从儿童电视新闻看儿童媒介参与权的实现与满足》，广西大学 2012 年硕士学位论文。

发展虽然也历经几十载，但是最终的结果却不尽如人意，普遍呈现“成人化”的现象。目前不仅海派少儿电视 IP 制作存在这一倾向，整个中国的少儿电视节目制作也存在这样的问题。

三、机会

在社会各界的呼吁下。“上海少儿电视台制定了‘服务市民，以人为本’的宗旨，在内容的广度、深度、关联度上下功夫，充分体现‘贴近实际、贴近生活、贴近群众’的原则和本土化的特色，打造成为城市市民的‘信息超市’”[①]。近年来上海市政府也一直加强对海派少儿电视 IP 节目的监督，采取了一系列的措施，坚持把海派少儿电视 IP 的制作放到重要的位置。譬如，为儿童电视节目生产过程提供更多的资助，加强播出平台建设。上海开办少儿节目也吸引了社会的广泛关注，从而引来各个方面的资金投入，为产品的开发提供足够的资金支持，打破传统的依靠广告盈利的局面。

海派少儿电视 IP 的发展前途光明。儿童不仅是一个家庭的心肝宝贝，更是一个国家的未来和希望，要想家业鼎兴、国家富强，对于他们的投入也将是一项不小的花费，而对于目前的消费水平和实际需求来说，一个孩子的消费金额已经占据家庭支出的较大部分。根据国家统计局对中国各大城市的调查表明：“全国 0—12 岁之间的孩子每个月的消费总额达 35 亿多，工薪阶层 80% 的家庭里面，孩子的月均消费已经超过了大人”[②]，这预示现在和将来为儿童服务的各类产业存在的巨大发展机会。

四、威胁

全国电视台中几乎所有省市都设有少儿节目，各有各的风格和特点，但

---

① 《东方电影电视台广告价格》http://blog.sina.com.cn/s/blog_15686c85f0102wff7.html

② 《全国 0 至 12 岁孩子每月消费超过 35 亿元》http://finance.sina.com.cn/g/34992.html

多为综艺游戏类，这类节目主要在室内进行，展示儿童的才艺表现，表演形式比较轻松活跃，注重现场气氛的互动和烘托。除此之外，电视节目的表现形式多具有开放性，很容易被复制和抄袭，如果没有高端技术的分隔，就很难避免这种问题的存在。我们都知道，国内关于少儿电视节目制作版权的保护还有待进一步完善，未能给各个卫视的节目提供在节目生产、制作过程的版权保护，造成市场上出现太多同质化的电视节目。

第四节　海派少儿电视IP的海外先进经验

在优秀少儿电视IP的制作方面，发达国家在长期的生产和传播过程中积累了大量先进的经验，我们需要对其中有益的成分进行学习和吸收。

第一，国外注重培养孩子的创造性，国内注重记忆性，值得我们反思。众所周知，在中国教育文化的历史长河中，小的时候父母就开始让孩子们记忆很多的知识点，训练记忆能力，从而提升了应试教育的能力。同样在海派少儿电视IP节目的生产和传播范围内，也一直存在这方面的传承，这种制作方式以至于对少儿电视的长远发展产生极其严重的后果。发达国家有比较先进的教育方式，更加重视孩子们的实际动手和面对困难应对能力的培养，让孩子们在生活中自我发觉和解决自身存在的问题，发挥自我的主观能动性和创造性。比如在美国电视节目《艺术创想》中，主人公能够自我管理和协调，在现实中发挥自我的想象力和创造力，将废旧的报纸设计出美轮美奂的画框，还能将破烂不堪的布条整合成足球队员的各种图案，将那些身边废旧的材料收集起来最后做成精美绝伦的风景图画。国外的知识类的节目不少，且注重创意的设计和智力的开发。而我们的知识记忆训练模式着实枯燥乏味，对于孩子来说不感兴趣，这也就造成最终收视率不如人意的结局。

第二，国外注重让孩子知道该怎么做，国内节目则注重告诉孩子该怎么做，注重知识的单向度传授。在我国，从古至今的教育方式都是以父母为主导，父母从始至终都是要求孩子该做什么和不该做什么，而很少考虑到如何才能让孩子更好的应对问题，所以最终的结果就是孩子们无法形成独立的解决问题的能力，他们只知其一不知其二，不懂得举一反三或者产生逆反心理，自然而然也就导致孩子们严重依赖父母失去独立自强的处事能力。

再对比一下国外先进的教育儿童的方式，很明显培养方式上有巨大差异。在实际的生活中，他们会让孩子们亲身经历各种不同的困境，让他们通过独立思考的方式来正确引导孩子们找到解决问题的路径。同样在他们的儿童电视节目当中也会设身处地的思考如何更能高效培养孩子们的独立思考和解决问题的能力。这种方式相对中国的培养形式来说要好得多，一方面可以提升他们的自我思考的能力，另一方面还能让孩子们从解决问题的过程中激发更大的乐趣和信心，减少对父母的依赖，这对孩子们的未来和成长产生至关重要的影响。

第三，国外少儿电视节目注重情感培养，而我们的少儿电视节目在一定程度上对情感维度的重视不够。不仅在东方少儿电视 IP 的节目缺乏对孩子们的情感方面的引导和培养，在全国范围内也存在这样的不足。在节目的设定上更多的关注点是在知识的普及和形式上的传播，其中最核心的关于情感方面的引导和培养却有所缺失。再来看看国外的少儿电视 IP 节目的设定，他们将知识性节目和道德培养放在了同等重要的地位，在传播儿童应该具备的知识能力的同时，还以情感表达的方式培养孩子们的道德意识，让孩子们感受到在当下的社会还存在的理想、真情、义务等，最终使孩子形成正确的道德观、价值观、人生观。

第四，国外节目形式新颖多样，国内节目形式程式化、同质化现象突出。国内节目由于商业化、成人化等因素影响，造成内容和表现形式陈旧简陋，没有思考通过多元化的技术手段和先进的终端设备来提升用户的使用体验。通过国内外的对比，可以比较明显地发现在节目形态上的差距。例如动画、歌舞则是他们经常需要的表现形式，丰富的表现形式、细致的节目安排、有感染力的节目环节这些都将毫无疑问的让孩子们更积极地参与其中，有效的提升了他们在道德水平、认知偏好、创新力等方面的意识。在技术方面，随着当前互联网电子信息技术的发展，将儿童电视 IP 节目的呈现和表达产生了巨大影响，制作团队可以利用当前最具影响力的设备和技术来传播他们的内容，譬如在儿童电视直播节目、3D 动画创新、头部视频平台推广等领域都具有巨大的突破，这也就造就了当前海外儿童电视 IP 市场的火爆场面。

第五节　海派少儿电视 IP 发展策略

当前我们优化整合少儿电视 IP 的发展规划，从内部开始着手调整存在缺失的环节，在调整和改变中实现自我的完善，同时要求更多的海派少儿电视 IP 从业者努力学习、坚持创新，创造出更多使消费者满意的内容，将之前所许下的承诺一一兑现，建立海派少儿电视 IP 的品牌价值链，实现长期的收益模式。

第一，基于国际视野培育海派少儿电视 IP 自主品牌，与外来品牌相抗衡。单纯依靠引进购入成熟模式和品牌并非海派少儿电视 IP 发展的长久之计，从海外购入的节目虽然有较成熟的模式和好的口碑，但在某些方面会出现"水土不服"的情况，某些情节设置会脱离中国本土的实际情况，如英国 BBC 的少儿历史节目《恐怖的历史》讲述的基本是以英国为中心的西欧史，缺少针对中国少儿的中国史内容。只有脱胎于中国优秀传统文化和本土现实的原创 IP 节目才能与中国少儿引起情感共鸣，满足其观看需求。比如春耕文化艺术交流（上海）有限公司针对儿童心理特点与兴趣，精心策划原创自媒体视频节目《话糖果》(如图 5.1)，围绕孩子们感兴趣的话题进行多期拍摄，展现童真童趣，得到上海国际电影电视节的认可。

第二，在关注少儿心理的基础上，加强"电视 IP 效果"研究和应用。在海派少儿电视 IP 的节目生产、制作过程中，依旧存在缺少对少儿这个群体的深入研究，没有对少儿用户做详尽的画像分析，不清楚他们的年龄差异

图 5.1　少儿节目《话糖果》拍摄剧照

而带来认知偏好的不同，没有研究出适合的内容形式、表达方式去迎合这个群体。所以要想取得优秀的成果，必须对儿童的直觉、意识、理想、感情、思维等方面展开深入的研究，从儿童的视角出发，去感受，去听，去观察。通过长期的研究和调查，就可以得出目标受众的用户画像和需求爱好，这样就能够根据他们所需生产出对应的内容产品。同样一个优秀的制作团队是内容生产过程中至关重要的基石，他们具备基础的专业知识和专业素养，接受过专业的关于心理学、教育学方面的专业培训，对海派少儿电视 IP 的制作具有不可或缺的优势。因此，我们要加强海派少儿电视 IP 节目在受众特点、播出效果等方面的深入研究，通过专业团队的精心制作，最后生产出儿童最受欢迎的节目作品。

第三，细化受众群体，准确进行受众定位。在海派少儿电视 IP 的制作之前，需要明确目标受众，也就是明确节目定位，定位就是市场营销的核心，有明确的战略定位，也就更好的找到企业的目标市场，得以在后期执行过程中提升效率。首先就是需要根据年龄的不同进行划分，根据皮亚杰指出的：“儿童认知发展的感知运动阶段（0—2 岁）、前运算阶段（2—6 岁）、具体运算阶段（7—11 岁）、形式运算阶段（11 岁以后）四个阶段所划分"[①]；还有就是对于性别的分类，研究指出不同的性别会呈现出不同的个性和认知，在信息的接受和传播的途径上也就有很大的差异，可以看出性别的不同也会导致孩子们在直觉和感情上都存在的巨大不同；再有就是地域上的差异，譬如城市贫富家庭的孩子的差别、城市和农村孩子的差别等问题，所以在海派少儿电视 IP 内容的制作过程中也要将这种现象考虑进去。

针对缺乏明确定位的情况，海派少儿电视 IP 需要调整之前的既定方针，明确以少儿为内容生产的原点，将儿童喜欢、易理解、易教育的方式作为自己的生产和创作目标，全力做到不同年龄阶段接收到对应的节目。除此之外，在内容形式比较单一、条件苛刻、资金匮乏的情况下，尽其所能生产出优质的海派少儿电视 IP 内容。

第四，节目形式在于寓教于乐。"儿童应该是快乐的，成人们应该负起责任来敲碎儿童的地狱，建立儿童的家园"[②]，少年儿童的天性是娱乐、玩耍，他们在玩的过程中不断地学习、成长、成熟，通过玩还能找到他们的偏好兴趣、正确的人生观和价值观，所以如何让孩子们在玩的过程中学会更多的东西值得少儿电视 IP 频道深入思考。他们应该坚持以儿童作为内容创作的原点，全心全意为孩子们生产出轻松、活跃、有趣的节目，使得他们在快乐的氛围中健康成长。

目前的电视对儿童影响力大于其他的媒体，所以如果海派少儿电视 IP 采取的措施不当，必然会误导这些年轻的受众，产生不可弥补的过失。比如过度娱乐化的问题，没有结合儿童的心理接受程度，以成年人的视角来生产出过度的内容，结果也就显而易见，收视率惨淡收场，还因此对青少年的成长构成危害。所以我们一方面提出在节目中以玩的方式来触动孩子们自觉的学习和寻找快乐，同时我们也要避免商业化浪潮中娱乐化因素的侵袭，防止节目的最终目的受到干扰，导致在孩子们的成长过程中留下阴影。

---

① （瑞士）皮亚杰：《外国教育名著丛书·皮亚杰教育论著选（第二版）》，人民教育出版社，2015 年 8 月版。

② 武琼：《浅谈如何提高中国电视少儿节目的收视率》，《价值工程》，2012 年第 7 期。

第六章　海派少儿动漫 IP 发展策略

动漫产业是文化产业产业领域具有高增长性的代表性行业，市场空间、增长空间巨大，也是文化传播的重要载体。“动漫产业，是指以创意为核心，以动画、漫画为表现形式，包含动漫图书、报刊、电影、电视、音像制品、舞台剧和基于现代信息传播技术手段的动漫新品种等动漫直接产品的开发、生产、出版、播出、演出和销售，以及与动漫形象有关的服装、玩具、电子游戏等衍生产品的生产和经营的产业”①，积极发展少儿动漫产业不仅在市场层面具有战略性的意义，同样是文化传承、教育水平提升的重要内容。以上海美术电影制片厂为代表，上海少儿动漫曾经打造出“中国动画学派”这一蜚声世界的响亮品牌，在优秀传统的继承与动漫市场的发展中，海派少儿动漫 IP 也获得了新的成长。

第一节　海派少儿动漫 IP 的市场现状

虽然上海美术电影制片厂为海派少儿动漫争得了历史性的辉煌，但当

① 杜肇铭、黄坚:《动漫主题、形象与衍生产品开发的互动机制研究》,《文艺争鸣》, 2011 年第 2 期。

下的 IP 生产与经营是以市场机制为基础的，而且欧美、日、韩等发达国家的动漫产业都已经取得了长足的发展，我国动漫产业以及海派少儿动漫还有很长的路要走。不过，近年来国家高度重视动漫产业发展，人才、资金、技术、传播渠道等各方面的条件都得到了改善，海派少儿动漫 IP 的发展现状得到了很大改观。

第一，形成了线上传播＋线下推广的立体化运营方式。经过多年的积累，以 IP 为核心形成了包括文学、影视、游戏、周边产品的产业链大发展，小朋友们喜欢的《喜羊羊与灰太狼》《熊出没》等动漫产品除了动漫节目外，还开发出了大电影、玩偶、主题公园等周边产业。2015 年的《大圣归来》上映 62 天劲收 9.56 亿票房，成为内地电影史上票房最高的动漫电影，其口碑与票房的双丰收让很多人看到了中国动漫 IP 的巨大潜力，但影视公司开发 IP 以成人动漫为主，少儿动漫的比重和质量还需要进一步提升。

同时，传播平台的更新和传播方式的演进，促进了少儿动漫除了传统视频播出外的多元发展。比如上海淘米公司敏锐地把握住少儿动漫产业的发展契机，“致力于开发儿童专属动漫产品，以新媒体互联网为切入点，打通电脑、电视、电影和移动终端四大屏幕，实现了原创的品牌、故事、形象通过不同的媒介平台进行再创作”[①]。少儿动漫的 IP 化发展潜力巨大，动漫形象在动画、大电影、图书中的多方位塑造，不仅树立了品牌形象，还扩大了影响力。以淘米网为例，其原创产品《摩尔庄园》是我国第一款儿童虚拟社区，荣获新闻出版业最高奖“政府出版奖”，2011 年《摩尔庄园》动画片制作发行，《摩尔庄园》因此收获大量粉丝。对动漫 IP 的持续化发展来说，跨界运营十分关键，以在线虚拟社区为原型的《摩尔庄园》实体乐园落地常州嬉戏谷。对于观众来说，孩子们看着熟悉的形象走出屏幕出现眼前，更加容易接受，也有利于孩子们内心发展，有积极的社会意义。对于动漫产品制作方来说，有利于线上内容的价值转换和产品升值。从长远的角度来讲，“线上”＋“线下”的海派少儿动漫 IP 运营方式有广阔的前景和市场价值。

---

① 李翔宇:《新媒体语境下的动漫品牌建设》，山东大学 2013 年硕学位士论文。

第二，海派少儿动漫 IP 与强势少儿电视频道融合互动与发展。上海少儿电视频道及其他频道的少儿板块在全国范围内处于领先地位，日常播出内容以动画片、少儿综艺节目、广告为主，其中动漫节目播出和收视比重都是最大的。“有学者根据少儿电视频道与动漫产业之间紧密关联的属性，提出了打造以播出平台为核心的动漫产业链”[①]，少儿电视频道作为动漫 IP 产品的重要输出渠道，两者是互相促进融合发展的关系，融合模式主要包括：知识融合和资本融合。

海派少儿动漫 IP 发展到一定阶段后形成品牌文化，实现商业价值，少儿电视频道就成为了动漫 IP 的宣传发行平台。比如上海美术电影制片厂具有完善的影视发行网络，其制作的节目在全国近 30 家电视台播出。早期制作了很多高质量的作品，《大闹天空》《三个和尚》《宝莲灯》等作品均享誉国内外，多次获奖。上海美术电影制片厂 2004 年制作的动画片《大耳朵图图》在央视首播，打造了一个国产动漫小明星的形象。经过了十几年的积淀，《大耳朵图图》IP 也从电视走向电影荧幕，暑期档上映。

第三，海派少儿动漫 IP 周边产品的开发运营能力逐步提升。对于少儿动漫 IP 来说，在动画片和大电影的播放赢得市场和粉丝后，对周边产品的开发利用显得尤为重要。日本作为动漫 IP 输出大国，周边产品已经渗透到生活的不同领域当中，既包括特色服装、仿真玩具、装饰品等实物产品，也包括音乐、图书、书籍等文化产品。相较于日本、美国等动漫大国而言，中国少儿动漫 IP 周边产品的开发往往是在电视和电影取得一定的粉丝基础之后进行的，各个环节相互独立，产业链联系不紧密。

对于少儿动漫 IP 周边的开发和利用我国尚处于发展阶段，但是随着淘宝、微信微店的发展这也给动漫产品周边发展提供了平台，比如围绕《熊出没》IP，熊出没公仔、玩具套装在淘宝热卖，“熊出没”微信公众平台也推出了熊熊商城。现如今，儿童消费的形式日渐丰富，对动漫产品周边产品的

① 徐福荫，付俊：《少儿电视频道与动漫产业融合发展的模式》，《电化教育研究》，2014 年第 1 期。

开发逐渐发展起来，以业态综合性较强的儿童游乐场为例，在儿童游乐场中我们经常可以看到熟悉的卡通形象，还有专门售卖周边产品的商店。海派少儿动漫 IP 在未来发展趋势上由“专”到“全”，再加上对周边产品的全面开发，才能对消费者产生持续的吸引力。

第二节 海派少儿动漫 IP 的艺术特征

受众人群的特殊化和低龄化，决定了海派少儿动漫 IP 显著的艺术表现手法和艺术特征。海派少儿动漫 IP 在长期的发展过程中将传统的表现形式与现代的手法相结合，自成一派。

第一，德育化倾向显著。“从中国的大环境来看，我国是一个重视伦理诉求、价值判断的群体，因此在面向具体艺术类型时，将德育功能诉诸于艺术特征”①，少儿阶段孩子除了要接受专业的知识教育外，还要接受道德教育，以动漫为载体的德育形式孩子更容易接受，也更利于孩子们的全面发展。1964 年上海美术电影制片厂制作的《大闹天宫》收获了两个国际大奖，其后又接连生产了《英雄王小二》《黑猫警长 2》以及《大耳朵图图》，这些作品在保证了收视率的同时，还收获了口碑，仔细观察这些作品我们会发现这些是专门为孩子生产制作的，其中的“教育意义”较为显著。早期的作品取材都来自于少儿故事，在动画片的最后都会有对故事的总结和升华，来告诉小朋友们怎么样做是正确的，怎么样做是错误的。

对于少儿动漫 IP 作品来说要“有利于孩子身心健康发展”，所以它包含一定的教育意义是很重要的，首先不能有血腥暴力的场面，孩子的心智尚不健全，如果产品中的负面信息过多，小孩很容易模仿。《大耳朵图图》的内容情节贴近真实生活且童趣十足，但它所传达的又不仅仅只有幽默，在动画

① 张波:《试析中国动漫的少儿化倾向》,《现代视听》，2010 年第 11 期。

片中还可以看出一些深刻的内容，“他们一家人虽也有吵闹，更多的是家庭的温馨，爸爸对待孩子循循善诱，母亲对孩子有很高的寄托等，展现在观众面前的是一部浓浓的温情家庭喜剧教育片”[①]。从另一方面来看，“由于中国的具体经济政策方针和与此相伴的大众生活在当时的年代处在相对波动的状态，动漫的这种‘狭隘’也成为了一种降低创作风险的方式，毕竟，将之处理为少儿教育的文艺类型是安全和有效的”[②]，所以虽然这种特征会带来很多质疑、批评，但是从文化传承、引导少儿健康成长的角度，还是有其必要性和重要意义的。

第二，浓厚的幻想色彩。在大人的世界里有严谨的逻辑，是科学的真理，但是对于动漫 IP 作品来说最宝贵的一点就是逻辑的自由性和想象性，海派少儿动漫 IP 作品的二元世界与现实世界不同，充满了孩子的幻想色彩，给孩子留下了充分的想象空间，这个特点让很多孩子沉浸其中。儿童缺乏社会经验，对社会充满了想象和好奇，动漫作品中浓厚的幻想色彩可以帮助他们去构建。

上海美术电影制片厂前期的作品《小蝌蚪找妈妈》《哪吒闹海》皆有虚幻的成分。动漫 IP 作品中很多事物都被形象化了，《小蝌蚪找妈妈》中小草有了生命，风会和人交流，房子也有生命窗户就是他的眼睛，小蝌蚪作为主角形象更加鲜明，一切事物都可以被拟人化形象化。在成人的眼中建筑物就是建筑材料的堆积，他们看到动画片后就只会觉得荒诞，认定房子是不会说话的，孩子却会对此产生想象和幻想。

第三，人物形象鲜明。儿童思维方式比较直接和简单，对善恶也没有复杂的认识，在人物形象塑造来说善恶界限明显。在一部动画当中，总有正义的代表，也有邪恶的象征。对于少儿动漫 IP 产品来讲，孩子们都比较喜欢善良的可爱的动物形象，这对于形成海派少儿动漫 IP 产业链十分重要。当小朋友心中对一个善良又可爱的形象很喜欢的时候，便会去购买衍生的文具

---

① 陈丽红：《浅析“大耳朵图图”之形象设计》，《戏剧之家》，2014 年第 12 期。

② 张波：《试析中国动漫的少儿化倾向》，《现代视听》，2010 年第 11 期。

用品、衣服、玩偶等周边产品，会促进动漫 IP 的跨界发展。

上海美术电影制片厂制作的《葫芦兄弟》当中，七个葫芦兄弟外形都是美的，这种善良、勇敢、积极向上的形象刻画的十分生动形象。反观反面人物形象“妖精”的外形，脸是三角形的，身体也是扭曲的，外在形象十分丑陋。在少儿动漫 IP 产品当中，善恶冲突的题材比较广泛，具有戏剧的张力，可以吸引小朋友们观看热情。这种夸张化的表达在大人眼中也十分的可爱，动画片中葫芦兄弟的形象被还被制作成表情包流传，台词“妖精，快还我爷爷”也被很多视频剪辑人员采用。

第三节　海派少儿动漫 IP 发展过程中的问题

中国动漫经过了长期发展，形成了独特的产业特征，上海作为国内动漫产业的创意中心及交易中心，发展已经跨越到了新时期。“上海动漫游戏产业的一大亮点是与海外交流较多，上海不仅先后引进迪士尼和东方梦工厂作品，而且有不少动漫游戏产品走出国门，获得海外市场认可”[①]。但海派少儿动漫 IP 现在的市场环境和衍生产品制作发行方面都存在一些需要引起重视的问题。

第一，海派少儿动漫 IP 内容同质化严重。20 世纪七八十年代我国动漫产品从数量到质量都得到了相应的提升，2000 以后虽然动漫产品制作技术有了提高，但内容题材依然存在结构件的问题。

从海派少儿动漫 IP 的叙事结构来看包括两大类，一是讲述少儿成长的故事，主角一般是儿童，在成长的过程中遇到困难并且克服困难。还有一类是将动物拟人化，主角为善良单纯的小动物，反派动物狡猾奸诈，两方在经

① 昭明:《上海发布三年行动计划　海派动漫提速有待金融“输血”》,《上海证券报》, 2013 年 7 月 12 日。

历过漫长的斗争之后，正面角色依靠智慧取得胜利。《喜羊羊与灰太狼》《熊出没》等动漫产品收获了大批的小粉丝，但经过几年的发展之后，也渐渐进入瓶颈期。另一方面，寓教于乐的功能与作用得到了更大地彰显，这是伦理诉求在动漫 IP 创作中的体现，在动漫 IP 讲述完故事后在结尾处都有深刻的思想升华。动漫市场只有向多元化发展才会更加充满活力，扩大影响。如果市场作品无法突破局限，海派少儿动漫 IP 同质化现象严重，势必会影响动漫产业的良性发展。

第二，海派少儿动漫 IP 的分发、扩展渠道还需要发展。我们国家的政策支持和大力倡导，促进了动漫产业的发展，同时国家政策也提出了一些发展方向，对动漫 IP 发展空间在一定程度上产生束缚，使其不能完全按照市场的趣味、需求发展。从国家层面推行的少年儿童思想道德建设的要求与动漫 IP 具体发展方式之间也产生了一定矛盾。这种矛盾的具体表现有两点：一是由于受众的低龄化而确立的市场定位限制了少儿动漫 IP 的发展。不同与美国和日本，我国的动漫产业少儿化倾向严重，动画片都贴上了少儿化的标签。在将受众精准定位后，动漫产品的投放市场也就被大大的限制住了。很多动画片只能在少儿频道中播出，大电影的投放时间也瞄准了寒暑假，导致部分优秀作品的传播渠道受到限制，对其社会效益的发挥造成一定影响。“由于少儿频道本身生存状况都不好（平时收视率不高，广告客户少），动画作品也就很难卖出理想的价钱，从而限制了动画投资、制作公司的成本回收——而在产业刚刚起步、产业链还没有形成、衍生产品还没有开发的时候，动画片的播映收入就几乎是动画公司唯一的回收成本和盈利渠道”[①]。

第三，海派少儿动漫 IP 在多元化运营中还未形成合理的产业链。成熟的少儿动漫 IP 产业链，以固定的“IP”为中心，开发动漫、文学作品、生活用品等产业，以电影电视传播为拉动效应的运营方式。“美国迪士尼公司的动漫 IP 产业链发展成熟，迪斯尼的经营业务主要包括了电影制作、媒体网络、主题公园和消费产品这四大方面，基本囊括了整个产业链中各项环

① 盘剑：《中国动漫产业目前存在的四大问题》，《中国美术馆》，2010 年 4 月 20 日。

节"[①]，拿迪士尼的主题公园来说，门票收入仅仅是全部营收的一小部分，主题公园的大部分收益来自于衍生品的售卖，而且他们还积极利用新的营销手段，在网上开设店铺。白雪公主、超能陆战队、美女与野兽等大荧幕上的人物形象形成了线下衍生品的开发源头。完整的动漫 IP 都是以产业链的形式存在的，产品的制作、发行、衍生品的生产、版权的销售等各个环节都是紧密联系的，彼此之间是互相推动发展的。

海派少儿动漫 IP 在衍生品的制作，动漫形象的版权开发销售等方面的发展都不完善，往往在动画片播出之后有相应的大电影的开发，其他产业链不完善。《大耳朵图图》在动画片播出以后，虽然有口碑和收视率但是衍生品并不多。璀璨星空制作的"中国唱诗班"系列第二集《相思》，制作精良，2016 年 12 月上线五个月后点击量已经接近 3 亿，该公司耗时 6 年创作的另一个 IP《京剧猫》成绩更为优秀：全网点击量 7 亿多。要制作出一部质量上乘的动画作品，时间周期相当漫长。上海市集聚了很多动漫人才，但是产业链的整体项目运营人员不足，大部分的人缺乏耐心，这样以少儿动漫 IP 为核心的游戏、文学、主题乐园等完整的产业链就难以形成。

第四节　海派少儿动漫 IP 的条件

十几年前，由于技术的限制，报纸、广播、电视资源之间基本上都是独立发展的，资源的流动性较小。现如今数字技术和互联网的快速发展使得各个媒体之间紧密的联系在一起，为文化产业带来了机遇和挑战，海派少儿动漫 IP 的发展策略要结合当下的传播环境下，抓住机遇，应对挑战。在此对海派少儿动漫 IP 未来发展的条件进行简要分析。

第一，海派少儿动漫 IP 传播环境改变、传播模式更新换代。在新媒体

① 陈如凤：《浅谈中国动漫产业的现状及对策》，《现代经济信息》，2015 年 4 月 8 日。

得到快速发展之后，动漫传播得到了优质的传播平台，各种新兴渠道对动漫 IP 的需求量、传播量与传统媒体相比都实现了巨大增长。“从有效播放时间看，传统电视为 34 亿小时 / 年，在线视频网站为 886 亿小时 / 年；从播出内容中动漫类比重看，由于受众年龄差异，传统电视播出动漫比例为 5.7%，新媒体为 15%”[①]。而且当前新媒体的视听、动漫 IP 传播还处于增长、规范的阶段，优秀的作品不仅能够得到经济方面的回报，还能够实现传播影响力的扩大，这对于海派少儿动漫 IP 来说是一个良好的发展契机。

现在手机和 PAD 成为孩子们日常离不开的主要观看动画片的工具，IP 产品的运营拥有大量的粉丝，在此基础上的持续发展和商业变现需要借助新媒体来实现。一个动漫 IP 产生之后要在多个平台进行多轮曝光，包括短视频推广，搜索导航平台上曝光以及周边产品在网上的售卖。传统媒体和移动媒体的跨媒体经营为动漫 IP 提供了更灵活的推广手段、更广阔的发展空间。2009 年—2016 年，淘米网制作《赛尔号》系列不断发展扩大，最开始借助 PC 平台开发儿童科幻养成类网页游戏，后来制作大电影，动画片，随着平台的转变，2015—2016 年《赛尔号》手游投入市场。平台的发展给海派少儿动漫 IP 的发展带来了全新的机遇，许多生产商纷纷投入大量人力财力，这有利于传统内容的转型升级，帮助海派少儿动漫 IP 摆脱内容过度单一的局限。

目前多数的少儿动漫 IP 除了可以在传统媒体上观看以外，均可以在网络平台上观看，不仅如此，内容产品制作公司还同步开通了微信公众号、微博账号，发布与动漫内容有关的信息，经营微信微店、淘宝网店等售卖动漫周边产品。很多动漫制作公司十分重视线上推广，在充分保证网络内容充实的同时，还保障实效。

第二，全球化文化产业交流、竞争加剧，为海派少儿动漫 IP 发展提供了更广阔的舞台。全球化促进了资本和文化的跨境流通，为很多国家提供了发展的条件，国际市场上动漫 IP 产业链已经相对成熟，“数据显示，全球范

① 彭保林：《中国原创动漫与青少年价值观培养》，湖北大学 2016 年硕士学位论文。

围的动漫市场已达到了 2000 亿美元，动漫衍生品市场更是突破 5000 亿美元”[①]。国际市场规模的庞大，对于中国来说是机遇也是挑战，面对美国、日本、韩国等动漫大国，如何走出国门，是海派少儿动漫 IP 正在面临的问题。

说起少儿动漫 IP，美国和日本无疑是成功的，经过多年的探索与发展，美国已经有了成熟、固定的发展模式，美国的动漫影视 IP 在美国卖几个亿，但是在全球范围内卖得比美国更多。美国动漫 IP 面向全球制作发行，内容方面也十分的多元化，还会包含很多其他国家的元素。《功夫熊猫》中“功夫”和“熊猫”都属于中国文化中的典型标志，除此之外，在《功夫熊猫 3》中，除了场景、画风和音乐元素之外，影片的价值体系也被中国化了，取得胜利的原因不再是个人的英雄主义，而是凭借家人、朋友和团结的意念。同样面对全球化的环境，中国的少儿动漫 IP 起步比较晚，以前海派少儿动漫 IP 更多地停留在中国本土市场里。现在的海派少儿动漫 IP 要更频繁地走出国门，走向世界，如 2011 年淘米网制作的《赛尔号》《摩尔庄园》等产品完成了向韩国、泰国、越南等国家的产品输出。

美国动漫 IP 除全球化发行外，衍生品也在全球范围内出售，2014 年迪斯尼的作品《冰雪奇缘》取得成功，它的衍生品销售已经超越了公主系列，冰雪奇缘同款裙子在淘宝上售卖火爆。海派少儿动漫 IP 变现渠道很少，当前的模式是做一个动漫 IP 通过播出赚一点钱，然后授权游戏赚一点，衍生产品想在全球范围内销售还要根据环境的变化做出调整。要制作一部在全球范围内有影响的动画作品，要在各个方面积极应对，主动出击，抓住时机将海派少儿动漫 IP 推向世界。

第三，政府政策的持续关注、整体环境处于不断优化之中。政策对动漫产业的影响有多大从数据中我们可以看出，“十一五期间，全国制作完成的国产电视动画片共 1266 部、65070 集、707614 分钟，共生产动画影片 78 部，是十五期间的近 5 倍。动漫产品数量剧增，进而取代日本成为世界第一动画生产大国。我国动漫产业核心产品直接产值从十五期末不足 20 亿元，到

---

① 《动漫市场破千亿　未来充满想象》,《玩具世界》, 2016 年第 4 期。

2009 年已经达到 64.3 亿元，2010 年突破 80 亿元”[①]。中国动漫的发展与国家政策的支持与导向不可分割，中国动画作品有悠久的历史，但中国动漫产业却是从 2004 年才开始起步的。国家开始陆续出台政策，促进我国少儿动漫的发展，当日本少儿动漫长期霸占电视播出黄金时段时，我国曾出台政策：黄金时段不能播海外动画，所以现在大家看到的少儿频道基本上全是国产动画。除了制定政策帮助国产少儿动漫取得播放时段外，文化部还对优秀动漫企业给予政策帮助，对动漫产业投入资金支持，有很多动漫园区在国家政策的扶持下诞生发展。十几年来我国的动漫产品数量持续增长，精品也开始慢慢变多。

海派少儿动漫 IP 的发展策略要与国家文化发展战略目标相一致，在良好的大环境下两者相互促进，尤其是“对于创业公司来说，需要政府引导型的私募基金，政企共同出资，政府可以起到积极的引导作用”[②]。旗下拥有“喜羊羊”“奥迪双钻”“雏蜂”“十万个冷笑话”“倒霉熊”“铠甲勇士”等著名品牌的奥飞动漫在资本市场上受业界人士关注；奥飞的跨越式发展离不开良好的政策环境，在各种政策扶持下，奥飞得以在动漫 IP 经营和发展的有利条件下，完成上市、IP 版图扩展等战略升级，基于优秀 IP 实现了从玩具企业向动漫文化企业的转型。

第五节　海派少儿动漫 IP 的发展策略

海派少儿动漫 IP 需要在经历过一段时间的发展后形成独特的商业模式，在动漫产业资本化后根据市场大环境制定发展策略。海派少儿动漫要从之前

---

① 《“十二五”规划助力　动漫产业春天正在到来》，http://www.ce.cn/culture/whcyk/gundong/201111/17/t20111117_22845892.shtml

② 丁鑫：《动漫产业的春天正在到来》，《证券日报》，2011 年 11 月 17 日。

的传统经营模式转化为“优质 IP”“动漫产业资本化”“动漫 IP+ 主题公园”等 IP 化发展策略。

首先，海派少儿动漫 IP 具有一定的人才、资本、技术、市场基础，上海的文化产业聚集效应能够为这些要素的培育提供条件，在此基础上，海派少儿动漫 IP 需要发挥有利条件，进一步推动产业资本化的进程。有了资本的助力后，海派少儿动漫 IP 的制作数量会提高，制作质量不断优化，更多的高端人才加入到少儿动漫产品的制作中来，加速了少儿动漫 IP 化的发展。

据数娱梦工厂统计，2016 年国内漫画领域共完成 23 笔融资，其中漫画 CP 类的公司完成融资 15 笔，漫画平台融资 8 笔。而进入 2017 年，资本仍在加速进场，全面呈现百花齐放：1 月，快看漫画宣布获得 2.5 亿元 C 轮融资；3 月，旷盛动漫完成 1000 万元 Pre–A 轮融资；5 月，飒飒动漫宣布获得 2 亿元融资。这些平台的估值都在亿元以上，其中最令人瞩目的是快看漫画，其估值达到 10 亿元人民币。[①] 动漫产业资本化的发展策略对企业来说带来了机遇，促进企业的规范化经营，融资后可以获得更多的资源。不过 IP 的运营和孵化仅仅依靠资本化运作是不够的，还需要长时间的转化，只有经过了时间的检验，海派少儿动漫的 IP 化发展才算有所突破。

此外，少儿与成人的不同之处就是尚未形成自主判断的意识，国外的动画有非常严格的分级制度，而我国内少儿动漫并无分级制，但少儿动漫在制作时有很多条条框框的限制，比如《喜羊羊与灰太狼》中红太狼经常向灰太狼使用暴力，这一情节就让很多家长担心。在这样的大环境下，很多少儿动漫制作公司最有效的发展策略为将优质 IP 向多元化发展。海派少儿动漫 IP 仅仅有情怀是不够的，只有发展优质 IP，才能在市场竞争中取胜，有了 IP 资源后，要多方面发展，将其价值最大化。

现在《喜羊羊与灰太狼》可以算是一个多元化发展的 IP，但是故事情节也面临“套路模式太深”的困境，电视中循环播放的情节：灰太狼总是吃不

---

① 邹银娣：《流量至上还是孵化 IP　资本助推下动漫产业的路线之争》，《时代周报》，2017 年 5 月 31 日。

到羊，在片尾处总说自己一定会回来，灰太狼对红太狼的打击总是忍让。在喜羊羊 IP 发展到一定程度的时候，我们要思考的是，如何将其向多元化发展，无论是对经典 IP 的改造，还是自创 IP 再慢慢进行孵化，手段不重要，重要的在经过长时间的努力之后产出精品，让更多儿童喜欢选择。海派少儿动漫并不缺乏优秀的文化、故事等 IP 资源或基础，也不缺乏 IP 原创的人才与条件，更不缺乏多元化 IP 发展的能力，在未来的运营中需要理清战略、将各种优势条件进行有效整合、发挥最大的效能，推动海派少儿动漫 IP 健康、快速发展。

第七章　海派少儿出版 IP 发展策略

阅读为少儿发现世界、认识世界和理解世界打开了一扇大门。因此，作为少儿阅读载体的少儿出版物在促进儿童的健康成长方面具有重要的意义和极高的价值。这一方面体现在出版物内容的传播可以使得儿童获得新的知识，另一方面也体现在其对于儿童成长和生活方式的影响和塑造上，青少年儿童的“文化体系”就是通过阅读来不断建构和充实的。海派少儿出版市场影响力大并且具有鲜明特色，多年来形成了诸多代表性的 IP 作品，面对少年儿童阅读需求的增长与变化、面对市场发展的新要求，有必要再度思考海派少儿出版 IP 的发展策略。

第一节　海派少儿出版 IP 的分类

海派少儿出版 IP 产品的内容涵盖了人文科学和自然科学的多个领域，除了比较普及的少儿文学和百科知识，还包括哲学、社会学和美学等各个方面，能够帮助青少年儿童架构阅读体系，提升审美认知，塑造独特的人格。不同的海派少儿出版 IP 品类对生产方式、营销方式等也提出了更高且不同的要求。

当前，海派少儿出版 IP 领域竞争较为激烈，进一步促进了其出版市场的专业化和细分化。通过分析梳理发现，海派少儿出版 IP 的分类主要有以下两种方式：按年龄划分，可细分为 0—2 岁、3—6 岁、7—10 岁、11—14 岁等年龄段；按类型进行划分，可细分为启蒙类、科普类、少儿文学类和绘本类等。每一细分市场都有各自对应的运营方式与策略。此处需要强调的是，儿童阅读的需求具有需要引导的特殊性，在制订具体 IP 推广策略时不能简单地以“满足受众需求”为行为标准，机械地借鉴其他产品的营销推广策略，而忽略对少儿心理的正确引导。如多数少儿具有强烈的好奇心，对于陌生猎奇类的事物较为感兴趣，个别出版商为了迎合孩子的好奇心，推出尺度较大的冒险类和恐怖类图书，这对儿童心理的健康发展可能会产生一定的误导和影响。所以我们应当从动态的角度来审视海派少儿出版 IP 的类别，不能仅仅从市场喜好的方面思考不同类别的价值，更应当去挖掘有文化价值、教育价值和社会意义的海派少儿出版 IP 类别。

第二节　海派少儿出版 IP 市场现状

随着数字出版时代的到来，以及越来越多非专业少儿出版机构对少儿出版领域的大举进入，少儿出版格局发生了巨大变化。海派少儿出版作为当下出版行业内备受瞩目的“黄金板块”之一，做出了什么样的应对、取得了什么样的进展，海派少儿出版 IP 培育出了哪些新的精品，存在什么样亟需解决的问题，都是我们需要关注的。

一、海派少儿出版 IP 的发展现状

少年儿童健康发展的重要性不言而喻，辅助其发展的阅读载体也受到广泛重视。作为一个具有独特受众群体的、特殊的细分市场，少儿出版在中国

出版产业中始终占据着重要的地位，这使其在发展过程中一直备受关注。

据统计，“目前全国共有约 581 家出版社，其中 523 家出版社的出版物涉及少儿出版领域”[①]。通过国家新闻出版广播电影电视总局发布的官方数据，“《2012 年度全国图书选题分析报告》中显示，2012 年全国少儿类图书选题共计 45682 种，同比增长约 9.6%，占据 2012 年全国图书选题总量的 20.6%”[②]。由此可见，当下中国的少儿出版已成为一个全行业广泛参与竞争的大众出版、大门类出版，其发展势头不容小觑。

在全国少儿出版如火如荼发展的氛围下，上海的少儿出版业借力于优越的地理位置和发达的文化产业环境，亦呈现出一片繁盛景象。但我们也要看到，在海派少儿出版 IP 繁盛的同时也伴生了一些问题，如出版物同质化现象严重，跟风书层出不穷，题材不利于少年儿童心理发展等。在数字浪潮席卷一切的今天，海派少儿出版更要抓住时机进行数字出版转型，以更好地参与到市场竞争中去。

二、海派少儿出版 IP 的发展问题

在过去的十几年中，中国少儿出版得到了较为迅猛的发展，这与出版行业前期高投入、高资源置换的粗放式增长策略有着密不可分的联系。但这种增长方式也带来了一些隐忧，即部分出版机构对于少儿出版物的实务专业性不足，当前我国专业少儿出版机构仅有 30 几家，这个数字仅占参与少儿读物出版的出版社数量的 6% 左右，由此可见市面上大部分少儿出版物都是出版社规模扩张的产物，少儿读物的特殊性及引导意义未必能得到有效的考量。

具体到海派少儿出版 IP，还可以发现其他层面的诸多问题，如产业链上

---

① 《少儿图书别老打“三个主意”》http://blog.sina.com.cn/s/blog_e358bcb30101d45i.html

② 牟海伟：《中国童书出版的新格局——我国童书营销特点和出版模式新探》，《出版广角》，2014 年 6 月（下）。

游选题趋同、品牌原创力匮乏；下游分销渠道过于单一，产销不畅，少儿出版物的核心版权价值利用不充分，盈利模式较为单一，对于少儿出版物的多元开发乏力等，具体体现在以下方面：

第一，海派少儿出版 IP 品牌还需要发展，专业性略显不足。从宏观方面看，海派少儿出版的综合实力仍处于较为弱势的地位。据了解，开卷图书数据系统曾对我国少儿出版社进行排名，发现处于前十阵营的出版社变动较为频繁，仅有浙江少年儿童出版社、童趣出版公司等几家出版社能保持住排名。这从侧面也反映出一个问题，即多数少儿出版社尚未具备稳定强势发展的综合实力，这一问题在上海少儿出版领域同样存在。

从微观层面来看，海派少儿出版 IP 存在如下问题：选题专业性缺乏，趋同现象严重，部分选题并不适合少儿阅读，充斥着成人世界的功利性；原创品牌乏力，部分出版社出于经济效益的考量，大量引进市场反响较好的国外儿童绘本，而缺乏对于本土儿童出版物品牌培育的投入和扶持力度，使得本土品牌的成长陷入滞后的境地，缺乏大众识别度和自有知识产权，也使得我国文化传承缺乏适用于少儿心理特点的载体，“正如少儿文学作家曹文轩所说：虽然说在图画中人类的情感是共通的，然而我们却无法指望国外的绘本能承载多少我们的民族文化含量。这是一种隐性的文化忧虑”[①]。

由此可见，当前的一个重要任务即是大力扶持原创 IP 品牌的生存与发展，明确专业化、专门化的出版思想，在一定时期内培育出具有海派文化特色的出版 IP。同时，要避免机械的拿来主义，而应寻求途径与本土文化特色进行有机结合，从而实现出版社的可持续发展，助力于我国文化软实力的稳步提升。

第二，数字化的转型发展需要深化，盈利模式需要拓展。在当前海派少儿出版的市场中，大部分出版社仍靠单纯的出版发行和出版项目补贴获取主要利润，虽然也有部分出版社尝试从 IP 培育的角度出发，涉足以少儿出版为核心的周边业务，但从成效来看，对出版社的整体利润影响较小。由此可

① 宁圣红：《当图书馆遭遇儿童绘本》，《考试周刊》，2012 年 1 月 27 日。

见，整个海派少儿出版市场的盈利模式仍呈现出较为单一的特征。此外，在数字化、信息化的时代，海派少儿出版的形式“应不再局限于图书、影视、网络、电子阅读等多媒体产品形式，还应适当延伸至游戏、动漫、培训及其他相关的衍生产业链，并辅之以专业化的营销手段，从而建构出一个较为全面系统的生态链条，才能实现较好地可持续发展”[①]。然而综观当下的海派少儿出版情况，产业链建构仍缺乏专业性，对于优质作者和作品 IP 的培育开发力度不够，相关衍生产业链条仍处于缺位的状态，这成为制约海派少儿出版 IP 进一步发展的瓶颈之一。

此外，出版行业的数字出版转型尚未完成也是当前海派少儿出版 IP 发展中存在的问题。虽然大部分出版社都内设了数字出版的部门，但其主要职能仍局限于基础的信息化建设和数字版权的售卖，并未触及数字出版的核心业务，对于出版业转型的推动力不足，也未真正形成数字出版物产品线，导致核心竞争力不足。

第三，海派少儿出版 IP 的知识产权问题需要受到重视。知识产权是关于人类在社会实践中创造的智力劳动成果的专有权利，包括专利权、商标权和著作权（也称为版权）三种，其中著作权是指文学、艺术、科学作品的作者对其作品享有的权利（包括财产权、人身权），这也是文化产业产品得以生存和发展的重要依托。上文中所提及的产业链条中存在的种种问题，归根结底就是版权意识淡薄所引发的，如原创品牌的匮乏就反映出海派少儿出版业界对于自有版权塑造和深加工方面存在短板。

要想加强海派少儿出版 IP 知识产权的保护与开发，首先需要的就是法律的保驾护航。对于创作者来说，完善的版权法律保护能够有效地维护其财产权和人身权，保障其使用作品获得各项合理权益，从而激发其作品创作的积极性；对于消费者来说，正版图书可以带给读者更好的阅读体验和享受，是对其消费者权益的维护。因此，政府层面应进一步加强与完善著作权保护

① 段弘：《以儿童绘本为例看少儿出版中存在的问题及对策》，《出版广角》，2013 年第 4 期。

相关的法律法规，健全知识产权保护的法律体系，为整个文化产业营造出良好的法律氛围。

要想加强海派少儿出版 IP 知识产权的保护与开发，还需行业和从业者共同提高自身的版权意识。一方面，出版行业应不断摸索和健全自身的版权保护与开发机制，在行业范围内形成尊重版权的风气与氛围。另一方面，从业者也需自觉遵守相关的法律法规，避免主观和客观上的侵权行为发生，当自己合法权益受到侵犯的时候，要有维权意识，懂得利用法律手段进行维权。

第三节　海派少儿出版 IP 策略分析

任何行业的发展策略都少不了对市场当前情况和未来趋势进行合理准确的判断和预估，海派少儿出版 IP 的发展亦是如此。前文中提到，国内海派少儿图书出版的专业性较为欠缺，从选题、创作、资源积累、市场营销、价值链衍生等各方面都存在一定缺陷和不足，且当前出版行业缺乏专业而深入的市场调研，除了几家实力雄厚的大出版社，大部分中小出版社并无足够的人力、物力和财力去支持广泛的市场调研活动，缺乏对飞速变化的海派少儿图书市场动态进行科学有效预测，导致部分出版策略带有盲目性。因此，要想进一步推动海派少儿出版的健康、科学、有序发展，需要对出版策略进行不断地优化。

一、海派少儿出版 IP 的条件和机遇

近年来，国家对于文化产业的发展给予了大力的支持，为其发展和壮大营造了较好的政策环境和市场环境，出版业也从中受惠良多，海派少儿出版 IP 迎来了数字化发展的春天。

第一、长期以来国家政策引导和支持。少年强则国强，长期以来我国对

青少年的发展一直十分重视，对于影响青少年发展的行业和领域也给予大力支持。“新中国成立伊始，国家就将少儿文化事业放在国家战略发展的重要位置,《人民日报》曾在 1955 年发表《大量创作、出版、发行少年儿童读物》的社论”①，党和国家的重要领导人也在多个场合强调青少年出版物的重要地位，对大力发展青少年出版物进行了表态。改革开放之后，国家支持与鼓励国内外文化交流，对于海派出版物的流动起到了一定促进作用，很多优秀的海派少儿出版物也随之进入全国市场。

2009 年，国家新闻出版总署进一步出台了多项政策，从资源配置、基金资助等各方面对少儿出版物进行扶持发展，如在书号管理和分配方面向优秀的青少年读物倾斜，并将优秀的青少年读物出版纳入更广的资助范围，鼓励出版单位申报青少年读物的资助和跨媒体出版等。

“2011 年，国务院进一步印发了《中国儿童发展纲要（2011 年 ~2020 年）》,《纲要》中指出，要继续开展广泛的图书阅读活动，为青少年阅读创造条件”②。同时,《纲要》要求推广儿童图书分级制度，并在农村开设配备有青少年图书的流动图书馆，以更好地引导儿童阅读。2013 年，国家出版基金项目申报指南中将少儿读物和科普读物列入资助重点，进一步推动了国内青少年出版物的发展。国家的一系列政策措施在推动全民阅读，鼓励儿童优先，建设书香中国方面起到了重要作用，也为海派少儿出版 IP 的健康发展不断优化着基础环境。

第二，“十三五”时期少儿出版发展政策。“十三五”时期，国家进一步强调了文化产业发展在国民经济发展中的重要地位，明确指出“文化产业成为国民经济支柱性产业”，这意味着文化产业将成为国民经济的骨干支撑产业。与此同时，中央还对“十三五”规划中文化建设的目标、主要任务、指导思想和战略举措提出了明确的要求，将“基本建成公共文化服务体系，倡导全民阅读，建设社会主义文化强国”写入了建议中，这一系列的政策建议

① 栾明:《吉林省儿童文学概观》,《现代妇女》，2014 年 2 月（下）。

② 宁圣红:《当图书馆遭遇儿童绘本》,《考试周刊》，2012 年 1 月 27 日。

为作为文化产业重要组成部分的出版产业的发展提供了更全面的利好，使得出版产业的重要地位和作用进一步提升，也成为海派少儿出版新时期发展的重要政策支持。

第三，少儿出版与其他产业的近缘性。海派少儿出版与同属于文化产业大类下的其他少儿文化产业具有一定近缘性，使其在版权 IP 的深度开发和产业链延伸方面具有先天的优势，一个好的出版 IP 能够衍生出多重市场价值。以动漫产业为例，它与出版产业有着密不可分的共生关系，一种情况是少儿出版物本身即是动漫产业的构成部分，另一种情况则是少儿出版物中的形象衍生出一条集动漫手办、动画电影、主题产业等多种形态构成的产业链条，实现文化创意的良性互动。此外，优秀的动漫作品还可作为儿童出版物的选题和素材来源，充实和丰富产业链的多样性，如腾讯公司先为儿童量身打造了网络游戏《洛克王国》，后又与北京优扬传媒公司和上海弦动传播公司合作推出以游戏为背景的动漫电影。此后，安徽少年儿童出版社进一步深挖动漫电影 IP，推出了包含电影连环画、同名电影小说、电影人物传记等在内的动画电影丛书，将游戏 IP 转化为出版 IP，拉长了产业链条。上海出版背靠发达的上海少儿文化产业，接近大量的优质少儿文学、电影、电视、动漫、游戏资源，具有 IP 化发展的得天独厚的条件。

第四，少儿数字出版技术发展。“数字出版是指在计算机技术、通讯技术、网络技术、流媒体技术等高新技术的支撑下，将人类文化的纸质成果进行数字化传承，融合并超越传统出版内容而发展起来的新兴出版产业”①，国家对数字出版产业予以高度重视，多次做出针对性的规划，“在国家新闻出版总署发布的《数字出版十二五时期发展规划》中，明确提出数字出版是出版业与高新技术相结合产生的新兴出版业态，其主要特征为内容生产数字化、管理过程数字化、产品形态数字化和传播渠道网络化”②。在信息化社会，

① 王旭辉：《技术视角的传统出版改革与发展》，《传播与版权》，2014 年第 1 期。

② 张祥合、王丹：《数字出版的概念、特征及相关技术分析》，《长春师范学院学报》（人文社会科学版），2013 年第 9 期。

内容资源的数字化处理已成为一种大趋势，数字出版表现除了储存方便、海量化、传播便利、成本低、互动性突出等优势，开始引导文化出版领域着力发展的重要方向和战略任务。作为出版行业重要组成部分的海派少儿出版，也因数字出版技术的推广迎来了新的发展机遇。

数字出版技术推动了海派少儿出版 IP 化发展的多种可能性。数字出版技术的发展使出版行业的内容载体不再局限于纸质图书，而是拓展至范围更加广泛的互联网，载体的变革一方面推动了出版形态的变化，另一方面也带来阅读体验上的多元与丰富。数字出版技术与多媒体技术的结合运用，使得出版物不但能够在电子书、手机阅读器或 kindle 上清晰显示，大大节省了纸张和印刷成本，也使得读者能够在一个设备上观看多本出版物，节省了购买成本和空间。此外，数字出版的交互性使得原来的单向阅读变为双向互动，这对于青少年儿童阅读习惯和兴趣养成具有一定引导和推动作用，产品形态的丰富性使得青少年读物得到更为广泛多元的发展空间。

数字出版技术拓展了海派少儿出版 IP 的分销渠道。传统的出版销售渠道主要依靠实体书店售卖，受时间和空间的限制较大，数字出版技术将内容载体变为可在网络传输的二进制数据，省去了传统发行的中间环节，大大节约了发行成本。部分网络电商在售卖纸质图书的同时，还将部分优质内容制作成电子书同期进行售卖，将实体书经营变为实体售卖与网络版权的双向开发，拓展了出版的分销渠道和方式。当前，很多消费已逐渐形成网络购书的习惯，卓越、亚马逊、当当网和京东商城等知名电商也专门开辟出图书板块，并利用后台大数据对出版物进行推荐和搭配，以供消费者选择。

二、海派少儿出版 IP 的引进来和走出去策略

第一，海派少儿出版 IP 的引进来政策。随着我国对外开放和社会主义市场经济发展进程的推进，国内外文化艺术交流愈发频繁，我国少儿出版业态也随之发生了重大的变化，这主要体现在海派少儿出版 IP 的大量引进中。通过对改革开放以来少儿出版发展进程的回顾与梳理发现，在相当长的一

段时期内，“版权引进”是我国少儿出版对外开放的主要形式。有关数据显示，“在 1995—2004 十年间，我国引进国外少儿图书版权数量由 1664 种增加至 10040 种，年均增速约为 25%；版权引进图书数量占图书总量的百分比由 2.29% 增至 20.5%；图书引进输出比最高达到 15.5∶1，而在此期间，我国少儿图书品种的年均增幅仅为 5.37%”[①]，由此可见该时期海派引进少儿图书发展之迅猛。

海派少儿出版 IP 的大规模引进一定程度上促进了我国少儿出版的良性发展。首先，海派少儿出版 IP 的引进丰富了我国少儿图书的种类，从更广的层面上满足了读者多样的阅读需求；其次，海外出版行业发展较早，对于少儿出版物的选题、创作和写作技巧有了比较成熟的模式，其版权的引进也给本土创作者提供了更多可以借鉴的优秀经验，促进中国少儿出版物的创作和开发；第三，海派少儿出版 IP 的引入不但从内容层面对本土少儿出版 IP 创作有很大借鉴意义，在营销经营方面也有了世界先进水平的参照系，部分非专业或者民营的出版机构通过引进 IP 的方式，通过便捷的方式把业务扩展到少儿出版，丰富了自身业务的经营范围，使得少儿出版发展为出版全行业参与的大门类，直接推动少儿出版近十年来的持续高速发展。

然而，在承认海派少儿出版 IP 引进所带来积极影响的同时，我们也要看到其在发展中存在的问题。一是盲目引进，缺乏整体规划性，造成了 IP 资源和资金的浪费。虽然适当的囤积有利于节省成本，但也存在因热度消退而导致出版价值锐减的问题，这说明我国出版业对海派少儿出版 IP 的版权引进缺乏科学合理的规划。二是部分引进海派少儿 IP 水平较低，起不到良好的市场推动作用。有些出版社引进的海外少儿出版物质量平平，既无法代表引进国的风格特色，亦无法填补国内出版市场的空白，往往只出一版便无法再版，经济收益甚至无法覆盖引进成本。三是当下海派少儿 IP 存在着重复引进的问题，主要表现在出版社在引进时未作合理的市场调研和发行规

① 李学谦：《把握新趋势　发力走出去》，《中国新闻出版广电报》，2017 年 3 月 22 日。

划，在同期或相近时期引进了大量题材类似、内容近似的出版物，进而加重了出版市场的同质化现象。四是出版社间出于竞争目的，采用竞价的方式引进海派少儿出版 IP，一方面这大大提高了我国出版 IP 引进的整体成本，另一方面也催生了恶性竞争的现象，扰乱了国内出版 IP 贸易市场的秩序。

此外，我们还应认识到，虽然海派少儿出版 IP 的引入为我国出版业的繁荣发展贡献了不少力量，但一个国家文化的核心竞争力体现还应落脚于本土。因此，应把本土内容创新和自主版权品牌的建设放在发展的首位，适当引入而不是盲目依赖海派版权 IP，如此才能实现少儿出版的健康可持续发展。

第二，海派少儿出版 IP 的走出去政策。当本土少儿出版 IP 发展到一定阶段，如何“走出去”，进行适当的出版和文化输出，就成为我国少儿出版业亟需考虑与解决的问题，这也是促进少儿出版健康可持续发展的必经之路。经过近些年不断地自我完善，我国少儿出版业已逐渐降低引进版权图书、公共版权图书和教辅图书在总出版类别中的比例，逐年提高本土少儿出版 IP 的比重，原创出版能力大大增强。“据开卷公司监测数据显示，2016 年青少年出版物零售市场的动销品种约为 15.28 万，其中本土原创出版物所占比例达到了 63%，而在排名前 100 名的畅销少儿读物中，为中国作者原创的高达 73 个”[①]，由此可见我国少儿出版 IP 的已经初具实力，这也为其贯彻“走出去”策略奠定了基础。

海派少儿出版 IP 发力走出去，需要从以下几个方面作出努力：认清大势，坚定自信：我国在五千年悠久历史长河中积累了大量优秀文化成果，也形成了独具特色的中华文化，随着国家综合实力的不断增强，国际话语权的持续提高，中国的文化也已在世界上形成了强大的影响力，越来越多国际学者和国际友人研究中国的儒学，36 个国家和地区开设了孔子学院，这都为我国的文化输出创造了优越的条件。随着我国本土出版产业的发展与壮大，原

① 李学谦：《把握新趋势　发力走出去》，《中国新闻出版广电报》，2017 年 3 月 22 日。

创文化的日益繁荣，“走出去”策略已经成为世界了解中国的一个重要途径，作为出版工作者，应当努力认清当前中国文化发展的现状和趋势，坚定文化自信，推出更有中国理念、中国价值和中国主张的出版物，满足国际市场对中国文化的需求，进一步扩大中国的文化影响力。

优化市场，精准发力：贯彻落实“走出去”策略，就要在传统经营理念的基础上增加国际化思维，完成单一国内市场经营向国内外双市场经营转变，对世界各地区的市场进行深入调研，制定具有针对性的经营策略，根据不同国家受众的个性特征和阅读需求，对出版内容和推广方式进行优化，争取将国内强势少儿出版集团打造成国际强势的少儿出版集团，不断完善版权输出策略和多渠道营销策略，并建立海外分支机构，用以扩展海外市场。

抓好原创，夯实基础：不管是在传统出版时期还是数字出版的新时期，优秀的内容原创能力都是出版企业在激烈的市场竞争中占据不败之地的重要因素，也是我国出版行业贯彻“走出去”战略的重要基础。我国著名学者作家曹文轩，坚持现实主义的创作题材，用生动细腻的语言讲述了一个个极具中国特色的童年故事，叙事情节丰富，人物形象饱满，文风细腻逼真，深深地打动了国内外的读者朋友，并在 2016 年获得了国际安徒生奖，其作品被翻译成多种语言销往世界各地，在很多国家都受到欢迎和认可，成为我国少儿出版 IP 输出的代表性案例。因此，以“讲好中国故事”为主题，抓好精品原创，夯实我国少儿出版的硬实力，应当是所有出版企业共同为之努力的重要部分。

厚植人脉，广开渠道：除了内容原创上的重点培育，出版渠道上的挖掘也必不可少。我国少儿出版版权输出的历史较短，对于国际出版市场的规律和需求还在不断摸索之中，因此应当努力提高自身的国际合作水平，在合作过程中与国外的优秀出版机构建立长期、稳定的联系，共同探讨合作出版机制，为我国高质量的少儿出版 IP 在国际上打造影响力创造条件，还可加强与国际儿童读物联盟（IBBY）等具有影响力的出版组织合作，积极参加国际儿童书展和各种奖项的评选，让世界了解中国少儿出版文化，进而融入国际少儿出版市场。在挖掘渠道的同时，也要注重人才队伍的培养，建立国际化的创作团队，邀请或聘用国外的创作者和国际顾问参与其中，通过中外思想与文化的碰撞提升我国的国际出版水平。

第四节 总 结

海派少儿出版 IP 作为近年来迅速发展的朝阳产业，在出版行业中占据着越来越重要的地位，我们亦应当用更全面的视野去辩证看待：一方面，我们应看到其发展前景的广阔性，跳出传统少儿出版的范畴，它与其他相关产业具有较强的可嫁接性，在跨行业合作方面有着天然的优势，每一次外延都意味着新的市场机会，能够碰撞出更多的产业支撑点，所以需要我们以一种多元立体化的思路去看待，并积极与数字技术相结合，与新事物新产业相结合，通过扎实的原创能力、丰富的营销手段和开阔的国际视野实现少儿出版产业的持续增值；另一方面，“我们也要看到并重视当前海派少儿出版产业存在的问题，并通过多种策略进行有针对性的解决，如加强对作者资源和异业资源的引入和运用，拓宽少儿出版的选题来源”①，重视海派少儿 IP 的版权，努力延伸产业链条的上下游，让版权价值得到最大程度的发挥等。

中国正处在逐步实现伟大复兴的历史进程之中，海派少儿出版 IP 作为连接中国和世界的文化输出方式之一，也迎来了千载难逢的大好机遇。作为出版从业者，应该紧紧抓住发展时机，不负时光，不辱使命，努力推动海派少儿出版 IP 在国内、国际大市场的持续繁荣。

① 付倩倩:《产业链视角下的国内少儿出版发展策略研究》，安徽大学 2012 年硕士学位论文。

第八章　海派少儿游戏 IP 发展策略

上海游戏产业的份额在全国市场有着很大比重，少儿游戏的增长也受到越来越多的关注。“2014 年，互联网游戏（包括客户端游戏和网页游戏）和移动网游戏（基于移动网络和智能终端的游戏）占据了上海网络游戏产业全年的 95.7%，产值约 180 亿元，而上海网络游戏产业全年产值约占全国的 31.1%，比 2011 年增长 25%。2014 年，国产网游出口数量约 70 款，海外市场收入超过 1.2 亿美元。网络游戏产值位居全国第二”①。面对激烈的国内市场竞争，特别是腾讯、搜狐、网易、新浪等知名门户网站依托平台优势后来居上的挑战，上海网络游戏产业继续保持稳健增长势头，以占全国总产值 31.1% 的比重位居全国第二，仅次于广东省。从产值统计上看，传统客户端游戏仍是上海网络游戏市场的主流。据业界估计，未来网络游戏创新团队和青年人才将会获得更多地发展机遇，因为上海网络游戏市场将会进入一个转型发展阶段，特别是网页游戏、手机游戏的市场发展更是受到很多人的关注。同时，上海网络游戏企业“走出去”模式更加多样，从原来以产品海外出口获得授权为主，发展到为其他国内企业产品代理海外发行，以及在国外设立子公司自建海外运营平台，取得明显成效。网游动漫跨界融合更趋成熟。不仅如此，网络游戏和网络文学、网络大电影之间的全产业链模式，不仅可以培育稳定的客户群，还可以巩

① 李君娜：《动漫游戏产业，“上海制造”领跑》，《解放日报》，2013 年 7 月 12 日。

固品牌形象，这一融合发展模式已为越来越多的游戏企业所接受，并开始显现成效。“上海作为全国的经济中心，占据着一定的融资优势，有着独特的文化氛围，使得多元化的思想交相辉映，这些都为游戏产业的发展提供了肥沃丰厚的土壤”①，让人们对海派少儿游戏 IP 的发展充满期待。

第一节　海派少儿游戏 IP 产业现状

数据显示“2015 年全球儿童移动游戏收入达 19 亿美元（约 123 亿人民币），占手游市场份额的 7.8%，我国幼儿园（3—6 岁）的孩子手机接触率高达 91.8%，电脑接触率达 80.6%，其中 44.1% 的孩子玩网游，类型从 QQ 农场、飞行棋等小游戏，到《魔兽世界》这样的大型网游。而 13—14 岁的初中生，大型网游已成为娱乐的重要选择，比例达 25.8%”②，少年儿童作为目前最大的新兴游戏市场用户，中国的厂家专门将儿童类区别于全年龄层的游戏进行单独开发。这其中就有包括腾讯、淘米、百田等在内的少儿游戏业务的厂商。它们按照年龄高低划分不同的休闲类游戏，包括低龄用户群和全年龄层等。腾讯针对少儿游戏的某项调查显示：“有 52.5%—56.7% 的儿童玩《天天酷跑》,《保卫萝卜》《植物大战僵尸》等产品也有较大比例的儿童用户。4399 这样的小游戏平台也集结了大量 00 后用户。除了玩法相对单纯的休闲游戏，如今的 00 后在小学时已开始接触较为重度的网游，如《英雄联盟》《穿越火线》《全民枪战》等”③。

目前，00 后最喜欢的娱乐形式之一还是动画片，包括《熊出没》等在内

---

① 刘瑾：《避免政策扶持上的“马太效应”——对上海游戏产业发展政策取向的若干思考》,《华东科技》，2012 年第 8 期。

② 张权伟：《童年，别被游戏占据》,《陕西日报》，2017 年 4 月 7 日。

③ 尚言：《进击的下一代！ 00 后游戏用户报告》，http://mp.weixin.qq.com/s?__biz=MzA3MDQ4MzQzMg==&mid=417547354&idx=3&sn=f7f19bc434074222b480285a71262239#rd

的很多国内国外动画片。因此很多游戏制作商都在寻求与动画、漫画生产商的合作，围绕优质的 IP 共同打造跨行业的产品，创造更加具有内容感、形象感的游戏故事和人物。而且因为少儿对动漫故事、人物有一种天然地亲近感，更加容易接受、喜爱通过动画改编而来的游戏 IP。例如 2008 年由上海淘米网络有限公司创作的一款儿童网络游戏“摩尔庄园”。目前拥有 5000 万注册用户，首次面向国内 7—14 岁儿童，并以“健康、快乐、创造、分享”为主题的虚拟乐园。小玩家们只要化身为庄园里的小鼹鼠就可以在城堡、田园和牧场里交友玩游戏。接着，上海淘米网络有限公司又开发了多款儿童网络游戏，比如“赛尔号”“功夫派”等，都是以动画片为原型，探索太空奥秘或者弘扬中华传统文化为主题的。随着淘米代表的“上海模式”的成功，不少国内的游戏企业公司纷纷将目光投向了少儿网络游戏、手机游戏的市场，特别是金融资本的注入，更加带动和活跃了少儿游戏的市场。

第二节 海派少儿游戏 IP 的艺术特征

海派少儿游戏 IP 除了具有特定年龄段网络游戏、手机游戏的基本特征之外，还基于上海市数字技术发展较快的优势，表现出具有时代感的艺术特征。比如基于前沿的 VR 技术，使海派少儿游戏 IP 的形态与特征都产生了新的变化。近些年，快速发展的科技也搭载上了游戏市场的“风口”，“其中 VR 作为备受国内外关注的领域，在 2015 年 CJ 上索尼、任天堂等国外主机大厂都带来了 VR 主机游戏，VR 技术其实是利用计算机生成一种模拟现实环境，让用户体验虚拟世界的仿真系统”[①]。而这种仿真系统是多元信息融合、

① 腾讯游戏频道：《小众 IP 或将走红 2016 游戏行业趋势深度预测》，http://mp.weixin.qq.com/s?__biz=MjM5MzAzMDUwMA==&mid=403954577&idx=4&sn=af9bdc588c4d7fb1b744a65810e04587#rd

三维动态视景和实体行为的系统。

“传统的数字游戏因为科技条件的原因，创作思路被迫限制在完全虚拟的世界中，交互手段的单一让游戏玩法的挖掘资源近乎枯竭，但 VR 技术具有远强于现阶段数字游戏创作中的表现力和交互性”[①]，如上海笛兔数码科技有限公司的《保卫小镇》，最近发布的少儿益智 VR 游戏，游戏是以第一人称为视角的射击类 VR 游戏，同时还带点轻塔防和闯关的性质。该游戏于 2017 年 3 月 8 号正式上线，游戏《保卫小镇》的背景讲述了一个叫做南瓜小镇最近不是很太平，接连遭受怪兽的袭击，面对虎不虎猪不猪的怪物、雄壮的二头怪、像企鹅的鹰嘴兽、兵马俑兽等怪兽，过惯了安逸生活的南瓜镇民是一点办法都没有，遂求助于路子很多的龙星人。骨子里就是个英雄的龙星人振臂一呼，迅速召集了一批有勇有谋的小朋友组成了南瓜打怪联盟。盟主龙星人为小朋友准备了炮弹作为武器，南瓜镇的保卫之战也就此展开。该游戏运用 VR 技术，使得游戏者身临其境，体验更加深刻。

此外，有特定的年龄段决定，少儿游戏特别要注重避免网络暴力等负面信息，这在海派少儿游戏 IP 中也有明显体现，虽然还存在一些问题，但是从业者已经充分认识到保持绿色、童真、童趣的重要性，也成为海派少儿游戏 IP 的重要特征。“网络游戏产业作为一个新兴的网络文化产业，带动了相关产业的发展，创造了较大的产值和经济效益，对促进我国网络经济和娱乐业的发展、丰富互联网时代人民群众的文化娱乐生活需求起到了积极的作用。但客观地说，在网络游戏迅猛发展的同时，也存在很多值得注意和深刻思考的问题”[②]，一些网络游戏产品中存在着淫秽、色情、赌博、暴力等不健康的内容，少年儿童低于 18 岁，大都缺乏自制力和分辨是非的能力，而约有 20%—30% 的青少年长时间痴迷于网络游戏和虚拟聊天中，容易形成暴

---

① 金霄：《数字游戏中虚拟现实技术运用探索》，南京艺术学院 2016 年硕士学位论文。

② 丁文武：《净化网络游戏环境　保障青少年健康成长》，《北京邮电大学学报》，2005 年第 12 期。

力倾向和帮派意识，这样一来就会影响到学业和身心健康，甚至是个人和家庭的悲剧。打造健康的网络游戏环境对于引导少儿健康成长具有重要意义。

我们应该提倡设计适合少年儿童的网络绿色游戏内容。结合青少年的身心发展特点设计游戏主题。例如青少年具有活泼好动的性格，因此喜爱酷跑类游戏；另外有好奇心和想象力丰富的特点，则使得经营类游戏很受青少年欢迎。“乐堂动漫副总裁欧明曾说过，男孩子会比较偏爱暴力热血的游戏，但是由于种种原因，儿童游戏厂商不能做这样的产品”①，所以在开发和制作少儿游戏时应注重绿色发展，避免设计出暴力情节，并且游戏设计主题应当结合青少年的童真、童趣身心发展等特点，促使青少年儿童身心的健康发展。

第三节　海派少儿游戏 IP 发展过程中的问题

海派少儿游戏 IP 面临的是飞速成长的游戏市场，而且是一个于海派少儿文学、影视、出版等相比，起步相对比较晚、业态发展比较多元、监管还存在一些问题的市场。整个游戏市场的规范还需要时间，所以海派少儿游戏 IP 在发展过程中存在问题是必然的，我们需要认真对待和思考解决对策。

第一，很多海派少儿游戏 IP 发展速度快，但是也会面临冷却速度快的困境。2014 年“泛娱乐”开始与移动平台游戏挂钩，到 2015 年形成了热潮，不管是综艺节目和还是电影电视剧都有配套的授权游戏。通常电视剧火了之后就会带动配套游戏的人气，人气带起来了还能带来不少的收益。然而在配套电视剧成功吸引了少儿的强烈关注之后，游戏的人气却每况日下了。当综艺节目结束、电视剧完结或者电影档期结束时，这类游戏的热度更不如从

① 尚言：《进击的下一代！ 00 后游戏用户报告》，http://mp.weixin.qq.com/s?__biz=MzA3MDQ4MzQzMg==&mid=417547354&idx=3&sn=f7f19bc434074222b480285a71262239#rd

前。我们可以拿海派少儿戏剧 IP 典型案例《水果家族》来分析，在该舞台剧上映期间，App Store 的数据显示：这款游戏在免费排行榜前几名的位置，并且持续在前列徘徊，甚至一度排入畅销榜前 50；但在《水果家族》表演结束热潮过后，并未在游戏市场上形成较大的影响力，这也是 IP 跨界运营在未来需要思考和解决的问题。

第二，存在以 IP 为噱头，游戏制作粗糙的现象。除了热门改编并配套之外，泛娱乐 IP 改编游戏还有另一种玩法，那就是用原著作品做宣传。以国外案例来看，比如《星球大战·银河英雄》这款游戏，它上架的时间非常的“巧合”，选在了时隔多年的电影作品《星球大战·原力觉醒》之前。这种布局不仅起到了电影宣传的效果，还能成功获得长期的推荐。反观国内，《杀破狼 2》也是做过类似的行为，在电影上映之前先上架了改编游戏，为的就是唤起玩家的记忆，并通过游戏噱头吸引新看客的关注，毕竟这部作品前后时间跨度太大。可能是目的太过明确，《杀破狼 2》这款游戏粗糙的让人反感，连游戏都称不上；这样做究竟能不能对电影起到正面效果，值得商榷。

第三，海派少儿游戏 IP 产业链不成熟，游戏上架速度慢。泛娱乐 IP 改编的移动平台游戏更多意义上是一种产业链的衍生物，这款游戏不管它火不火其实都只是围绕着这个 IP 进行而不是靠这款 IP 再去衍生更多的东西；所以这类游戏就算再怎么进行更新其生命周期和可拓展性非常的有限，最终“泯然众人矣”。或者说它只是“配套”而不是真正独立的游戏，它的发展实际与移动游戏市场无关。日本二次元 IP，授权开发投入往往得不到回报，目前很多国内的游戏开发商常走的策略就是购买日本二次元作品的授权开发，既可以打响知名度，也可以获得二次元粉丝的关注，而且“正版”这个金字招牌很有用处。然而，正版的二次元游戏似乎没有带出更高的成绩，首先，授权开发并没有想象中的容易，日本授权方面的效率非常低下，通常一个 IP 反反复复需要沟通多次才能完成，而且反馈的时间也非常的长。不管是游戏授权开发还是视频动漫引进授权都是如此，跑授权的人应该感同身受。其次，一款经过授权的游戏在开发过程中需要版权方的监修全程参与，监修这

个职务一般只有日本才有，他们负责对原作的角色以及设定进行把控，对原创的剧情内容进行评估。如果一个角色或者设定出现了令版权方不满意的情况，那么这个设定以及角色就要打掉重做，所以一般二次元授权游戏的内容很少出现 OOC（Out of Character）的情况。同样的，由于日本方面在监修时刻对内容进行把控，开发商设计的内容要经常进行回传；前面我们提到过日本在沟通方面效率特别低下，所以时间跨度就会变的特别长。一款游戏从新闻曝光到公布再到测试，最后到正式游戏出品，时间的把控是非常重要的，我们目前市面上看到的正版授权游戏从曝光到测试再到正式上架跨度都非常长，从时效热度来说跨度太长则是大忌。

第四节　海派少儿游戏 IP 的发展策略分析

海派少儿游戏 IP 是文化、艺术和高技术的结合体，海派少儿游戏产业属于战略性文化产业，具有重大的经济和文化价值。随着海派少儿网络游戏市场和产业链经济规模的进一步扩大，其发展受到国家、企业乃至游戏界的更多关注。“少儿网络游戏是软件产业中成长最快、市场前景最大的产业。无论是从战略角度来说，还是从市场角度来看，海派少儿网络游戏在中国都已成为最具潜力的产业之一”[①]，海派少儿网络游戏中的内容设计、科技含量和艺术价值都深深地影响着中国的下一代少儿，更是肩负着传承民族文化的重要责任。特别是当今日韩欧美等国的游戏逐渐流向中国市场，潜移默化地将国外的文化渗透到少儿的生活中，从精神上影响着少儿的思维方式。所以海派少儿游戏 IP 应当注重自身文化特色的凸显和研发，带给少儿正面的影响。

海派少儿游戏 IP 需要在打造泛娱乐少儿游戏 IP 的大潮中树立标杆、占

① 肖玉玲：《网络游戏的中国化之路》，《通信信息报》，2003 年 10 月 15 日。

据领先地位。“全球最知名的网络游戏公司美国暴雪公司，即是从一个简单的游戏开发者，成长为一个集游戏、音乐、电影、嘉年华一体的综合性娱乐公司，经历了从游戏文化的蜕变。将版权价值更好的利用和推进，则要建立相应的泛娱乐平台”[①]，泛娱乐的核心是 IP 和用户，维护好海派少儿游戏 IP 的形象，满足用户的需求才能得到孩子们的喜爱。游戏厂商除了用 IP 对游戏进行包装外，还该在此基础上做出创新，让游戏符合少儿的期望和成长需求，这样才能够让 IP 持续的发展下去。泛娱乐化的大潮为海派少儿游戏 IP 崛起提供了机遇，我们需要向海外领先的游戏企业学习先进经验，转化成自身的少儿游戏 IP 原创与开发能力。

在此基础上，加强产业链整合的能力。在目前的中国游戏市场中，“动画、漫画、游戏产业相对还是独立作战，跨平台运作三项的规模型企业不多，腾讯互娱是其中一家，其余的要么只有游戏，要么只有动漫。这就存在一个核心问题——整合。优质 IP+ 好的设计并不等于优质产品”[②]，必须从 IP 本身出发，以源头养产品，最终在以原汁原味游戏吸引动漫粉丝的同时，再根据其产业特性来扩散对游戏玩家的影响力，这样才是打通产业链的关键，从而实现价值链上的互利共荣。

---

① 苟超旖：《中国网络游戏市场中 IP“泛娱乐”的现状及前景展望》，《数码世界》，2017 年第 1 期。

② 《动漫 + 游戏或是中国最有前途的 IP 开发模式》，http://www.ipzb.cn/thread-32-1-1.html

第九章　海派少儿文化园区 IP 发展策略

在中国的地域文化体系中，海派文化，是一种特别具备现代性的文化形态，本质上说来，海派文化体现了近代中国的都市文化，反映了近代中国的都市文明，文化一词本就概范，因此，海派文化就包括了海派的书画、文学、京剧、饮食、音乐等，发展细分到现在，文化园区的发展也在海派文化中值得一提，这里要提到的是海派少儿文化园区。

第一节　海派少儿文化园区 IP 市场现状

海派少儿文化园区 IP 的发展也展现了海派文化的风貌，其市场现状可以从以下两个角度来详细看待。

一、海派文化园区的历史

海派文化的包容开放吸收了西方的新兴产业，那些大批量的文化创意产业集聚区，一方面是对上海的一些老建筑的改造和重新利用，另一方面又在其中引入了新的创意内容来展现当下文化特色，它们可以说是海派文化园区最早的雏形了，主要划分为三类：一是像紫竹科技园区这样将学校的科研成果与其结合的园区；二是像田子坊、1933 老场坊等对废弃或闲置的老工厂、老厂房进行保护性开发利用的自发形成的艺术集聚区；三是像张江高科这类由政府主导，为了经济发展的目的，选择在上海的一些区县所建立的园区，这些可以将不同区县之间的经济发展水平平衡一下，整体上使得城市发展更为协调。

一个城市的发展，必然伴随历史与现代的接轨、人民和文化的结合，最近十几年来，上海兼顾了城市更新与创意文化园区的发展，尤其是在少儿文化园区这一块，与海派文化的结合，发展也步入新的阶段。

二、海派少儿文化园区 IP 现有的类型

少年儿童是时代活力的象征，为他们建造适合于他们的文化园区，让他们亲自感受上海的文化风情，是十分必要的，目前了解到的上海少儿文化园区的类型概括为以下几类：

第一类：社区花园式海派少儿文化园区，如五角场创智天地、一米菜园等；

第二类：郊区农耕式海派少儿文化园区，如崇明春耕儿童梦农场等；

第三类：文化产业类海派少儿文化园区，如上海迪士尼、少年艺术宫、自然科技博物馆等；

第四类：假期营地类海派少儿文化园区，如上海市少年儿童佘山活动营地等。

从以上的这几种类型来看，可以说海派少儿文化园区 IP 的类型还不算十分丰富，数量上也只是屈指可数，因此它们完全有继续发展的可能性。

第二节　海派少儿文化园区 IP 的艺术特征

一、文化上的开放性

海派文化在很大程度上都是比较尊重个性和多元化的，它也作为一种比较成熟的商业文化，将随和而理性的态度融入其中，并且必然顾及大家利益，尤其是社会的利益。因此，继承这一文化特色的少儿文化园区的建设必然也会是符合这一特点的。它在文化上的开放性，那种海纳百川的大度也是特别突出的。

我们熟知的上海迪士尼园区是借鉴了美国迪士尼文化的，不过它除了这种文化开放性的特色，它更倾向于商业上的特点，因此这里要举的海派少儿文化园区 IP 文化开放的例子是安徒生少儿文化公园。

安徒生少儿文化公园在上海市杨浦区新江湾城区域内，占地 81400 平方米，以安徒生童话里“海的女儿”“丑小鸭”等经典内容为主题，在公园的内部，有一尊安徒生的雕像，可以说，它是一个典型的复制品，原品模型是哥本哈根市政厅前面的雕像，公园内有一块天鹅形状的人工湖泊，在湖泊的两边，有魔幻小屋、安徒生城堡以及故事园区等，这些场馆的分布是错落有致的，也不循规蹈矩，可以让孩子们徜徉在童话王国中，在娱乐中学到知识、陶冶情操。在园区内还建设了少儿文化用品中心，对少儿文化产业进行了多方位开发。

安徒生少儿文化公园相当于五个上海市少年宫面积，园区内错落分布着 18 处如丑小鸭、拇指姑娘、卖火柴的小女孩等安徒生经典童话故事场景，设计了 18 个色彩各异的游戏天地，当然也有其他适合儿童的游乐设施，这是首个以 10 岁以下少儿为服务人群的专类公园。① 在上海本土的土地上，建造西方童话色彩的文化园区，对少年儿童来说是十分具有吸引力的。

---

① 参考：《安徒生乐园：上海首个大型儿童户外主题公园》，http://www.sohu.com/a/133587397_481635

二、内容上的创新性

海派少儿文化园区 IP 不一定都是建造在大城市里的，它也会带孩子们回归最自然的生存状态，在上海的一些郊区，少儿文化园区与农耕文明、假期营地活动相结合，在内容上进行了创新，带给孩子们不错的生活体验。

第一个典型例子是崇明的春耕儿童梦农场：2015 年 3 月 28 日，上海第一个儿童农耕体验主题园区“春耕儿童梦农场”在崇明的三民文化村建成开放（如图 9.1），来自全市各区县的 100 多位孩子成为了这里的首批客人。在靠近崇明的东平森林公园内，设有科普教育馆、水果种植培育体验园以及儿童剧场，这些都为孩子们提供了一种寓教于乐的互动体验。

在春耕儿童梦农场里，你可以见到小河里悠闲自在的大白鹅、草坪上憨态可掬的小白兔、小香猪，这些让城里孩子平时难得一见的小动物都能迅速引得孩子们迫不及待和它们来个亲密接触。而在春耕儿童梦农场的水果种植体验区里，孩子们不仅能通过参与墙体绘画、观看影片等活动认识多种多样的水果，还能从工作人员处认领自己喜欢的水果种子，亲自体验耕种的乐

图 9.1　春耕儿童梦农场开园典礼

趣。当一个个小孩子坐上小凳子、拿起小铲子，开始松土、播种，他们的脸上写满了认真。在旁边的水产家族区，不少大人也可以加入孩子们的行列，和孩子们一起摸鱼抓蟹，不亦乐乎地玩耍，去体验属于他们自己的天伦之乐。

孩子们就在这些亲手劳作或观察的过程中，主动地亲近自然，体味在城里体会不到的有趣的农耕文化。之前，春耕儿童梦农场首期开门迎客的仅有水果家族和水产家族两大乐园，后来以蔬菜、动物、野草为主题的乐园也都陆续对外开放，乐园的 5D 全息实景也正在搭建中。

第二个是上海少年佘山活动营地，它成立于 1983 年 7 月，是上海市妇女儿童工作委员会主办、上海市妇女联合会主管的全国第一家少年儿童野外教育基地。营地位于松江西佘山南麓，占地面积 22000 平方米，活动区有野炊灶具、勇敢者道路、垂钓区等，一次可容纳 400 名学生开展活动。

营地有它自己的宗旨并一直坚持：关注少儿的全面发展，希望每个孩子都能健康成长；重视德育，用教育活动寓教于乐，让孩子们养成良好的行为习惯，了解我们的民族精神，拥有诚信守法的品德。所以营地会灵活的因地制宜，设计各项社会实践方案，开展一些趣味性活动，像夏令营、冬令营、春之营、三日营、少年警校、彩色天地星期营等；也有一些野趣活动，它们可以开发孩子们的思维，像垂钓、野餐、登山露营、采集等活动，在大自然中，孩子们更能够使思维发散，了解野外生存，让孩子们互帮互助，也有助于促进关系和谐。

2016 年 6 月开展了佘山盛夏狂欢季，围绕“嗨爆上海”的口号，共开展了三场活动，每场活动为期 5 天，来自本市的近 100 位营员在美丽的佘山脚下感受了一场酣畅淋漓的艺术熏陶。在 5 天的夏令营生活中，小营员们认识了新的朋友，在武警教官的带领下，体验了军营生活；在营地教师的带领下，开展了丰富多彩的野趣活动；在童绘专业教师的指导下，进行了富有创意的艺术创作……小营员们走进了自然，参观了上海天文博物馆和佘山圣母大教堂，感受了科学与宗教的对话；开展了军训活动，体会到了严明的纪律；体验了楼宇火灾逃生，学习了应急避险的技能；烧烤了美味的竹筒饭，包爱心馄饨，做蔬果色拉，品尝了自己的劳动果实……在体验户外营地的丰富活动与集体生活的同时，小营员们在西班牙儿童艺术教育专家的指导下，学习了生动有趣的绘画课程，包括炭笔、阴影画法、静物立体素描、拼贴艺术和光绘摄影等，小营员们共同在大自然中绘画出最美丽的图案，用一幅幅精美的作品见证了他们的美好回忆。

三、效果上的商业性

上海是中国金融实力很强的城市之一，不管是什么，总要带点商业性的特征，海派少儿文化园区也不例外。

这里就不得不列举上海迪士尼这一例子了，作为中国内地第一个迪士尼主题的乐园，也是作为亚洲第三、世界第六个迪士尼主题公园，在 2016 年 6 月份正式开园。迪士尼乐园带给人们的快乐和欢笑没有年龄之分，也更能让儿童无比的喜欢。在乐园里，孩子们会感受到处处的新奇、冒险和刺激，让他们置身于童话王国里，开启一个个美好的童话梦想。

迪士尼的主题园区主要有梦幻世界，宝藏湾，米奇大街，玩具总动员，奇想花园，明日世界和探险岛这七个，孩子们可以在每个主题园区内自行选择喜爱的游乐项目；度假区在 2016 年的 3 月份还公布了园内第一批实景图，让想去玩的有了一个全方面的了解；说到园区的特色，主要有三点：一是创极速光轮，它是全球迪士尼的首创景区，二是奇幻童话城堡，作为迪士尼里最高的建筑，可以说是具有标志性的，三是宝藏湾，它是园区中首个以海盗为主题的园区，其他地方难以看到，也算是一大特色。

除了迪士尼本身昂贵的票价制造了商业价值外，在迪士尼园区中，也吸引了无数商家的入驻。除了乐园原有的迪士尼动漫的衍生周边产品，在小镇里，玩偶和珠宝的商户也有很多，还有一些受邀入驻的零售门店，他们是由于主打售卖的零售品能够契合迪士尼的特色，例如一些星战和漫威系列；金泰迪也受邀入驻，人们可以体验玩偶的全套制作过程，孩子们是非常喜欢的。这些都是属于园区商业性的表现。

除了上海迪士尼可以体现商业性外，其他就是诸如各大城市都有的少儿文化宫，例如上海的儿童职业体验馆，2015 年 8 月份，Babyboss 品牌的儿童职业体验馆入驻，顾名思义，通过真实的还原，让孩子们以自己的兴趣为导向，体验成人社会里不同的职业领域，这个创意真实有趣又生动，这是要收费的。当然，像那些让孩子参观、体验的少儿文化宫，都是商业性的代表。

四、生态市民趣味

通过不断地拆迁，上海市的社区发展越来越迅速并且壮大，在城市社区的人民开始追求不一样的生态市民趣味，也带给小孩子们不一样的体验，下面就说两个例子。

首先是“一米菜园”，这个概念是由一个美国老大爷 Mel Bartholomew 在 2010 年提出来的，并把它写进《Square Foot Gardening With Kids》这本书里。可以说这一概念最著名的粉丝应该是在白宫种菜的美国第一夫人米歇尔，她就曾用“一米菜园”的方法和孩子们一起种植绿色蔬菜。

我们知道，孩子成长最重要的是有父母的陪伴，而如果能够伴着泥土的芬芳，和孩子一起打造一个“一米菜园”，你会发现，“一米菜园”远远不止是一个供你种植健康蔬菜的完美场所，它还是一个寓教于乐的理想环境，能让孩子们学到非常多有用的知识，几乎涵盖你能想到的科目和课题，包括科学、数学、植物学、生物、地理、营养学和经济学，也能够培养孩子们的动手能力、健康饮食习惯，以及自给自足的精神。最难得的是，在加强了亲子关系的同时，还能让你收获健康的食材。

“一米菜园”其实可以用一个简单的种植用箱型框架，1 ㎡的正方形，15cm 高，分成 9 个小方格（30cm × 30cm），儿童都能够轻易够到种植箱的中央且移动方便。整个栽培一米菜园的过程归纳起来，其实只有六步，分别是：制作一个种植箱、在箱子中倒满梅尔混合土、在土壤上放上网格、决定栽种哪些植物、播种并让植物生长、最后收获它们。这六步，每一步，都可以由父母，特别是爸爸和孩子一起动手，寓教于乐中传授给孩子大量的生活技能。

制作种植箱的过程很简单，如果是稍大一点的孩子，可以尽量放手让他们自己动手制作。如果你的孩子喜欢画画，你还可以让他在箱子四周留下他的墨宝，让它变成一个私人艺术品。

在箱子中倒满梅尔混合土：这是一种特殊的土壤，比较松软且养分、水分丰富，便于孩子们使用，也能够给植物提供所需要的成长环境。这些东西在当地的花卉市场就可以买到，粗蛭石是什么物质，这种土壤的 PH 值如何测定，化学知识在准备土壤的过程中自然而然的学到了。

在土壤上放上网格：

在一米见方的小小园地中，应该撒下多少种子或种下多少幼苗，取决于不同植物长大后的大小。使用网格能帮助我们组织一米菜园中的各种植物，这也是一个教孩子数学的好机会。

决定栽种哪些植物：

让孩子了解植物的最佳时间到了，让孩子参与决定种哪些植物，会让孩子的兴趣更为强烈，他们也会在不知不觉中认识了很多植物。

播种并让植物生长：

播种后不必经常去除草，只要稍微浇浇水就能让植物成长。让孩子们看到各种蔬菜的生长过程，了解植物生长过程需要哪些必备的条件，生物学知识就慢慢在孩子的心中生根，因为自然界本来就是孩子最好的老师！

最后就是收获了，当孩子们收获自己亲手栽种的西红柿，辣椒，萝卜那种喜悦一定会在心中停留很长时间，他们也会知道哪种蔬菜能吃的部位是叶，哪种是根。辛勤劳动之后的收获的快乐，带给孩子的，可能是一辈子的影响。当孩子吃上自己种的蔬菜，更容易让他们养成健康的饮食习惯，这可以让他们受益终身。你甚至还可以和孩子一起算一算，到底需要多少个一米菜园才能保证一家人一年的蔬菜供应量。

第二个例子是位于五角场的创智农业，它与前面所提到的“一米菜园”有点类似，但是在这里想要突出的是它更胜于“一米菜园”的创新性——沪上的都市景观与社区的结合。

作为城市发展风向标之一的大上海，在近年来，一直密切关注着社区自治，也着力推动管理体制的改革创新。在 2016 年动工的五角场创智农园是上海第一个开放街区里的社区花园。早在 100 多年前，欧洲城市就有“社区花园”这个概念了，那时的人们会认领社区附近的一块地去种植物。

创智农园的居民们，从陌生到熟悉，也有了成功的喜悦，开始了美好的邻里交往。农园核心地带有一座布置得像咖啡馆的屋子，人们可以随时过来坐着聊天歇息。平时，或许还能喝上一杯玫瑰花茶，社区里的居民也能够吃上一口自己种出来的水果。一些经常过来的居民会拿上自己家做的包子和水饺之类的到这里和他人分享。到了周末的时候，也会举办一些针对孩子的，比如亲子阅读的活动。到了傍晚的时候，创智天地和“菜园子”里总是充满大人和孩子们的欢声笑语。

因此总结看来，创智农园的重点是为了帮助改善社区的人际交往关系，让社区看起来有更多的情感上的交流，即使通过努力做一些事情，而菜园子里能够长出多少的花草、结出多少的水果这件事并没有那么重要了。其实，像这样的社区花园在上海大概有十五家。像创智农园一样建在社区里的，还有百草园和疗愈花园等；建在学校里的，有同济附属小学和余庆路幼儿园；也有创智坊屋顶花园以及宝山的火车菜园等。

如果你的小孩子喜欢花花草草，那么这样的园区是最适合不过的了。比如某个住在百草园附近的陈先生，他会带着十岁的女儿一起去翻土、浇水、除草、捡垃圾，孩子们也会自己去轮流值班，陈先生的女儿整个假期每周二都会起个大早去浇水，然后到了傍晚再浇水一次。通过这些经历，陈先生的女儿结识了许多新的小伙伴。在这之前，孩子们夏天几乎都躲在自己的家里玩电脑看电视，很少出门，但自从有了百草园后，社区里的小朋友会约着出门去百草园玩。到了节日的时候，孩子们也会举办一些属于小孩子们自己的活动和游戏，再带上几袋零食，孩子也会变得活泼很多。

第三节　海派少儿文化园区 IP 发展过程中的问题

因为园区运营与文学、戏剧、影视等文化形态具有一定差异，所以海派少儿文化园区 IP 还会面临上述 IP 形态之外的问题。认识这些问题不仅需要文化相关专业的思维与视野，还需要从园区经营等其他学科与领域借鉴思路。

第一，海派少儿文化园区 IP 发展在一定程度上缺乏有力的政策支持且成本太高。一些专家认为，决定文化园区的成功有三个核心因素，第一条就是政府在政策上的支持。对于上海的少儿文化园区，虽然政府是持支持的态度，但是并没有在政策上明确制定相关内容，使得少儿文化园区缺乏长期稳定的有力支持。如果对园区进行一些具体的优惠政策，如地价优惠、水电优惠等，当然，各个园区的享受政策也会因人而变，没有稳定的政策保障，一定程度上都会影响文化园区的长期建设和发展；少年儿童是我们重点培育的对象，政府应该从未来和长期加以考虑，加之一定的政策扶持是非常必要的。

关于上海少儿文化园区的成本问题，要建设一个少儿文化园区，需要花费极大的成本，比如前面提到的安徒生儿童公园，它的总投资是 1.8 亿元；而上海迪士尼园区总体投资约 300 多亿人民币，完全是个大数目，所以如何引导政府资本、社会资本和私人资本对少儿文化园区的投资是十分重要的。

第二，产业链扩展已经得到广泛认可，但是运营中缺乏个性化。上海少儿文化园区在战略层面上应该明确产业导向，有个性培育的思路，根据每个不同的文化园区，应结合各区文化特色和资源优势，在特色化和差异化发展之路上花更多心思，因为不同地方的少儿文化园区最初吸引的肯定都是当地的少年儿童。目前来说，上海的少儿文化园区 IP 很多都没有成功的规划，缺乏特色，如商业化较高的一些乐园，都是泛泛的游乐设施，几乎没有什么大的特色。同时，关于少儿文化园区的产业链问题，如果园区将短期利益至上，可能造成园区功能异化、同质竞争缺乏特点，在数量扩张和前期的“筑

巢引凤”之后，少儿文化园区应当更加注重其产业链的内在发展质量，专注产业细分，形成品牌特色。

第三，即使起点、规划层面都比较高，但是很多案例存在运营状况不佳的问题。上海少儿文化园区 IP 的整体运营状况其实是不佳的，从金融融资、土地购买或者租赁、推广营销、人力资本管理与成本控制等各个环节都需要把控。一方面海派少儿文化园区 IP 的打造需要大量的资金支持，另一方面其培育需要较长的时间，对于资本方来说“回本”、盈利的周期太长，在运营过程中很容易出现不同类型的风险，这个问题如果不能得到有效控制和解决，将会直接影响到海派少儿文化园区 IP 的发展。

第四节　海派少儿文化园区 IP 的发展策略

在上海，大多数人的生活水平已经从初级的、低层次的、侧重于物质层次的消费需求转向了更高层次的包括精神文化消费的需求，比如教育、科技、文化、旅游等领域，旺盛的文化消费需求将促进文化园区的繁荣，文化园区的载体可以满足人民的消费需求。家长送孩子们去各种培训班已经不够，他们更希望找到更放松、更寓教于乐的方式，带给孩子们不一样的体验。同时，在市场上，少儿文化园区的发展这一块还有十分大的提升空间。

同时，上海这座城市的地理优势就不多说了，近些年，上海的少儿文化园区大多数是在郊区发展的，比如前面提到的崇明和佘山。上海的郊区除了本身的海派文化，也充满着江南的传统文化，据统计，上海公认的郊区包括闵行，嘉定，宝山，松江，青浦，奉贤，金山和崇明这七区一县，在郊区建设文化园区，有利于发挥郊区自身的优势，增强园区的可持续发展。此外，随着迪士尼等国际高水平园区的进驻、文化资本的关注与支持、国内交通的发展，都为海派少儿文化园区 IP 的发展创造了条件，如何抓住机遇促进发展成为我们当前最为迫切的问题。

第一，创新融资方式，为海派少儿文化园区 IP 发展提供多元化的资金支持。比如众筹这个方式从 2014 年开始成为了互联网金融的一种新方式，我们所说的众筹通俗来讲是类似于团购的方式，可以缓解因建设少儿文化园区带来的高成本问题，用这样的方式募集资金应该说是十分奏效的。缺乏资金，一直都是少儿文化园区在开发过程中急需解决的首要难题。虽然近几年上海对少儿文化园区有一些扶持，并且也能在一定程度上给予重要项目一定的资金支持，但从土地开发、物业开发到产业孵化等一系列的阶段需求上来说，少儿文化园区所需要的资金量是巨大的，而且我们都知道，尤其是建设文化园区，一般说来投资回报的周期都是超长的。除了财政拨款、上市融资、银行借贷和发行债券等传统融资模式之外，建设园区也应尽可能地去吸引一些资本，让民间资本成为园区快速发展的又一个助推器。

第二，海派少儿文化园区 IP 要深化多元化融合的新方向。上海应该加快推进文化园区与校区、社区的融合，以农业融合为例，前面所提到的崇明春耕儿童梦农场是与农业相融合的案例，五角场创智农园是与农业、社区两者交叉融合的案例。随着城镇化步伐的加快，农业逐渐受到了资本市场的青睐，少年儿童而因为从小在城市环境中长大，缺乏对中国农业文明知识的体验和了解，将教育和农业结合，上海郊区的少儿文化园区做的还是比较好的，应当继续发展。

第三，推进“互联网＋海派少儿文化园区 IP”的实验和探索。2016 年是中国“互联网＋”与实体经济深度融合并形成新业态、新动力的一年，文化园区可以利用互联网整合创意、硬件、软件、资本等要素，利用互联网整合提升平台经济，鼓励园区内企业通过互联网众筹等模式进行创新，支撑海派少儿文化园区 IP 发展。

第四，运营创新，提升海派少儿文化园区 IP 品牌策略。在建设海派少儿文化园区 IP 时，在历史文化底蕴的挖掘、园区平台的打造、自身的品牌特色等方面，有很大的潜力空间，最需要的就是运营创新和提升园区的品牌策略。借鉴之前少儿文化园区的经验，在运营时可以加大对园区的培育力度，发挥园区的积极作用；由于之前文化园区与文化园区之间以及园区和街

区间的互动还不是很多，产业链条的氛围不足，制约了少儿文化园区发展的整体带动效应。根据“定位不同，策略不同”的原则，海派少儿文化园区 IP 应该在运营方式探索求新，打造属于自己园区的品牌。

第十章　海派少儿培训 IP 发展策略

近几年，我国少儿培训行业迅速发展，涉足的领域也日益宽广。中国产业调研网发布的 2016 年版中国少儿培训市场调研与发展报告认为，“少儿教育培训主要包括德、智、体、美 4 个方面，主要有语言培训、课业辅导、兴趣辅导培训等。少儿：是指 7 周岁到 16 周岁的少年儿童。少儿教育培训是主要指对孩子在 7—16 岁这个阶段（主要集中在小学以及初中学生），根据孩子兴趣爱好和学科发展特点，进行有针对性的教育辅导和培养”[①]。少儿培训的迅速发展带来了巨大的研究空间，加之上海又是我国教育改革最具代表性的城市之一，海派少儿培训无疑值得我们深入研究。海派少儿培训在发展过程中也出现了 IP 化的趋势，在资本、市场等各方面的统一作用下，形成了代表性的品牌和周边市场，本章将对海派少儿培训 IP 进行分析与探讨。

---

① 《中国产业信息网 .2016 年中国少儿培训市场规模及发展前景预测》，http://www.chyxx.com/industry/201607/432578.html

第一节　海派少儿培训 IP 市场现状

少儿教育培训业连锁经营发展调查报告认为，“幼儿早教、英语培训和少儿艺术教育是目前少儿教育培训业的三大支柱。赛迪顾问最新数据表明，2010 年中国的少儿艺术教育市场销售额突破 300 亿人民币，连续数年保持近 30% 的市场增长率，远高于全球少儿艺术教育市场 12% 的增长速度。从发展趋势来看，未来 3—5 年内该行业的增长率基本为 20%—25%。”① 通过百度平台搜索“上海少儿培训”能得出 4 650 000 条相关结果，搜索“上海早教”能得出 2 760 000 条相关结果，搜索“上海英语培训”能得出 2 770 000 条相关结果，搜索“上海少儿艺术教育”能得出 6 850 000 条相关结果。这些数据可以对幼儿早教、英语培训、少儿艺术这三大培训业的支柱性作用有一个初步了解。其中，英语培训尤其得到广大家长的青睐。2016 年 12 月艾瑞咨询发布《2016 年中国少儿英语学习现状白皮书》，该报告通过调查得知“87.2% 的家长赞同孩子在 5 岁以内学习英语，认为孩子的语言敏感期为 3—5 岁，倾向于更小学习英语；他们认为，英语是必备的语言工具，应更注重英语的实用性；他们认为，英语培训机构更专业、更权威。同时调查研究显示 63.9% 的家长会选择英语培训机构让孩子学习英语”②，上海作为国际化大都市，对于英语能力的要求更是高于一般地区。通过数据也可发现上海少儿培训市场的火爆，形成海派少儿培训 IP 现象，下面将对其市场特征进行简要分析。

第一，多数海派少儿培训 IP 品牌采用特许经营。近年来，少儿教育培训业的连锁企业数量稳步增长，整体上行业的发展状态良好，很多区域性少

① 《少儿教育培训市场现状及前景》. https://wenku.baidu.com/view/4ec2e0b1192e45361166f57c.html

② 艾瑞咨询:《2016 年中国少儿英语学习现状白皮书》，http://www.iresearch.com.cn/report/2680.html

儿教育培训甚至蜚声全国、培训品牌 IP 渐渐趋向成熟，家长、学生们对这些培训 IP 的认可程度和忠诚度较之过去也明显提升。可见，整个少儿教育培训行业的市场正在趋于集中，但其中少儿教育和培训的市场还需要进一步集中和规范。

据调查数据显示，“少儿教育培训连锁品牌中，总部位于上海、北京的占了近 85%，连锁品牌总部选择集中在上海、北京这两个文化中心城市是因为要保持商业及信息的领先性。这两个区域的连锁培训教育中心（店铺数）占全国总数的 60% 左右。目前西部地区逐渐开始对少儿教育培训的重视，当地有志于少儿教育培训事业的人们同时也看中了国内连锁品牌教育机构的影响力和先进性”[①]。例如上海本土少儿培训机构——小荧星艺校就十分出色，小荧星艺校在全国拥有 16 家门店，经授权后将能在全国各地开设培训班。

第二，海外资本深入海派少儿培训 IP 市场。数据表明，“2007 年我国英语教育培训市场规模就已达到 27 亿美元，其中少儿英语以 9 亿美元占总市场规模的三分之一，并且这一数字以 19% 的增速在 2010 年达到 12 亿美元之多”[②]。快速增长的国内少儿英语培训市场令海外资本侧目，以瑞思学科英语为例，“2008 年瑞思学科英语获得一笔海外投资，EMPG Interm-tional 将以战略投资方式支持瑞思学科英语在中国的发展。第一笔 3000 万人民币的投资用于瑞思学科英语在中国进一步加强服务网络，增设教学中心，提升教学质量管理水平。这是中国少儿英语教育市场获得的首笔海外投资。”[③] 在未来海外资本进入少儿培训市场的方式可能不仅仅局限于投资，还有可能实现外商独资设立少儿培训机构。今年 1 月 12 日，全球四大会计师事务所之一的普华永道投资的普华永道商务技能培训（上海）有限公司正式开业，这是

① 吴蔚：《标准化，培训教育连锁企业之痛》，《人民政协报》，2007 年 4 月 11 日。

② 《瑞思获 3000 万投资，海外资本深入少儿培训市场》，http://blog.sina.com.cn/s/blog_5cf144230100bdq7.html

③ 王怡：《海外资本深入少儿培训市场》，《人民日报》，2008 年 10 月 18 日。

中国首家外商独资创办的经营性职业技能培训机构，也许不久的将来外商独资创办少儿培训机构也会成为现实。

第三，口碑传播成为海派少儿培训 IP 发展的关键。家长对于孩子学习的关注加强了家长与老师、家长与家长之间的联系和互动，家长之间会相互交流培训班的教学质量和服务品质，而这种口耳相传正是培训班发展的有利因素，因为“金杯银杯不如老百姓的口碑”。因此，“培训班必须重视口碑传播方式。当孩子与家长决定上不上培训班、上什么类型培训班甚至上哪一家培训班时，口碑将产生巨大的引导作用。孩子们的高度满意将带来好的口碑、较大的传播范围，从而带来源源不断的新顾客与利润”[①]。基于这一背景，海派少儿培训机构都十分注重品牌口碑的树立，例如春耕儿童戏剧坊通过儿童剧《水果家族》积累了大量的市场好评，得到家长和孩子们的肯定，吸引了更多的家长和孩子参与到春耕小演员的培训当中。

第四，海派少儿培训 IP 市场划分越来越细。伴随着少儿培训市场的逐步成熟，课程业务的划分与服务对象的定位业已基本定型，其内部各细分领域也已做到极致，蛋糕越切越小，但“瓜分者”数量众多，以至于留给每一家培训机构的生存空间也越来越小。可以说在少儿培训这个成熟的市场上已经很难找到未有人踏足的空白领域了，每一个新创立的品牌都将直接面对和原有品牌的争夺战，很难开拓新市场。在这种情形下，如何在细分领域做好自己品牌的定位以争取脱颖而出就成了每一家少儿培训机构最重要的生存使命。在这一点上，上海本土的春耕戏剧坊的做法就值得众多少儿培训机构学习和借鉴，它并没有随大流一股脑地扎进英语培训等热门的课程学习培训市场或艺术培训市场，而是选择了相对小众的、尚未形成气候的少儿戏剧培训市场，定位明确，理念新颖，一定程度上避开传统、热门的培训市场争夺中，为品牌开辟新的发展道路。

---

① 小雅：《少儿培训市场发展前景如何》，http://jiaoyu.3158.cn/20161005/n53436106581206.html

第二节　海派少儿培训 IP 发展过程中的问题

与少儿文学、影视、动漫等相比，少儿培训市场进入门槛相对较低，盈利周期也比较短，所以很多机构、个人都倾向于进入这一领域，导致海派少儿培训 IP 的规范、持续发展会出现不同类型的问题，在此从以下几个方面进行简要说明。

第一，很多少儿培训 IP 经营者重视短期经济效益，忽视社会效益。计划生育政策的推行使得独生子女成为 90 后、00 后中的普遍现象，这集宠于一身的同时也强化了多数父母“望子成龙，望女成凤”的教育观念，再加上人们生活水平的不断提升，很多父母都愿意让孩子在基础的学校教育外到培训机构参加各种各样的辅导班。虽然我国少儿教育培训市场规模大、发展速度快，但就目前的情况而言，很多教育辅导机构仍存在一些问题。我国的少儿培训机构良莠不齐，除了一些大型的连锁培训机构外，还有很大一部分都是私人、民营培训机构。这些私人、民营的培训机构往往资金有限并且比较格外注重经济效益，为节约成本，它们基本上都会在较小的空间内进行教学活动。教育空间是影响学生学习行为的重要因素，逼仄、狭小的物理空间往往给人以压抑感，尤其当学生人数较多时，会造成孩子心理烦躁进而学习欲望降低，不利于对于知识技能的真正有效掌握。此外，狭窄的空间也会存在一定的安全隐患，尤其是低年龄段的孩子活泼好动，如果监管不到位很有可能发生安全事故。在国人对于教育的高投入热情中，很多商家意识到如今的少儿培训是块“大肥肉”，人人都想趁机咬一口，因此争相涌入市场盲目办学，并且过度重视资金的回收，多收费、乱收费的现象时有发生。[①] 比如英语培训，无论环境好坏，一学期收费基本上都以万计。并且私人、民营少儿培训机构很少会为消费者开具发票，以通过偷税、漏税的行为增加自身的经济效益，使得家长及学生不仅在培训质量上得不到保障，还造成直接的经济

① 丁聪辉：《浅谈泉州少儿艺术培训中存在的问题》，《大众文艺》，2014 年第 10 期。

损失，加重中低收入家庭的负担。这些少儿培训机构过于重视经济效益，而较少考虑教育行业的特殊性质，上述种种做法带来的社会影响造成了人们对于少儿培训机构行业整体的评估判断产生误差，严重影响了其他正规化、科学化少儿类培训机构的发展。[①]

第二，少儿培训市场的品牌意识不高。从目前的少儿培训市场来看，真正具有现代企业发展意识、按照现代企业制度实行集约化经营的少儿培训机构数量相当少，即使如上海小萤星艺术团这样社会知名度较高的培训机构仍属于初级品牌的层次，仍然有市场影响力不够、专业管理队伍缺乏、师资队伍流动频繁等桎梏少儿培训机构发展的常见问题。[②]在这方面，一些外资早教品牌的做法很值得我们学习，包括国内的“新东方”等知名培训机构的经营理念也可以运用到海派少儿培训机构的 IP 经营中。从办学理念到教学经验再到品牌塑造，海派少儿培训机构还有很长的一段路要走。

第三，存在学员权益无法保障的问题。目前上海少儿培训市场鱼龙混杂，各种机构中教师素质不一，以至于教学水平和教学质量都难以得到全面保障。究其原因，主要是目前教育主管部门对于少儿培训机构的教师没有进行资格认定和水平鉴定，使得少儿培训机构教师的入职门槛相对较低，甚至有些培训机构还聘用一些在校学生任教，也没有专门的入职考核和培训，这种情况下培训质量和学员权益很难得到保障。当然我们不否认还是有很多口碑与质量俱佳的优秀培训机构，但是这些培训机构一般都是小班授课，收费较高，这对于大多数家长而言都是十分有压力的，为此就诞生了一大批收费相对较低，但质量却又无法保证的培训机构，这直接导致了孩子们在学习过程中走了许多弯路，浪费了宝贵的学习时间。[③]

① 连靖:《少儿舞蹈教育现存的问题及对策研究——以山西省太原市少儿舞蹈教育为例》,《黄河之声》，2012 年第 4 期。

② 穆峰:《少儿社会艺术教育存在问题与对策的思考》,《艺术百家》，2011 年第 12 期。

③ 穆峰:《少儿社会艺术教育存在问题与对策的思考》,《艺术百家》，2011 年第 12 期。

第四，在运营过程中存在因急功近利而忽视儿童心理发展和成长规律的问题。为了尽快树立口碑、打出品牌以吸引客户增加学生人数，少儿培训机构往往将“速成”作为教学目标的侧重点，希望前来培训的儿童能够尽可能短的时间内掌握一定技能，以使儿童在学校考试、各类比赛以及专业考级中获得明显进步或更多奖项。但这种教学往往带有比较强的功利目的，不是从培养儿童的兴趣和求知欲的目的出发，而是功利性地为了获奖和打出品牌，这就决定了很多教学是快节奏的，甚至是投机取巧的，培训老师所传授的是“应试技巧”等得分秘籍，而不是符合少年儿童身心发展规律和专业发展规律的循序渐进的指导。很多儿童在没有扎实掌握基本知识的情况下就开始接受密集化、高强度的技能指导，这样“揠苗助长”式的教学方法往往造成儿童的专业技能掌握差、知识原理理解力低等现象，没有稳扎稳打地提升学习能力，也许能一时快速看到分数提升，但是为后面的深入学习埋下隐患，难以持续提高，而且很可能使不堪重负的儿童产生厌学情绪，不利于儿童的身心健康。[①]

在家庭中，很多家长认为衡量孩子是否学到知识的方式就是考级，能在短时间内顺利通过考级就是好的培训，不通过就不合格再给孩子找新的培训机构，家长的这样一种心理和行为直接导致了培训机构培训方式的功利化倾向，将考级等外在目标作为驱动力，企图“一蹴而就”，忽视儿童的年段特点和客观的教学规律，难以真正激发儿童学习的内驱力以达到保持主动、持续高质量学习行为的效果。课外培训在一定程度上是为了挖掘孩子的想象力和创造力，增强孩子的学习能力，完善孩子自身修养和综合能力，[②] 扭曲的培训方式只会起到适得其反的作用。

---

① 丁聪辉：《浅谈泉州少儿艺术培训中存在的问题》，《大众文艺》，2014 年第 10 期。

② 穆峰：《少儿社会艺术教育存在问题与对策的思考》，《艺术百家》，2011 年第 12 期。

第三节　海派少儿培训 IP 的条件

随着社会经济的转型发展与新技术条件影响的不断深入，海派少儿培训 IP 发展也迎来了新的条件。比如教育、培训行业向“线上教育”的转型已经成为不可逆转的趋势，随着互联网和智能设备的普及，线上教育平台成为我国近年来教育培训发展的重镇。科技的发展为教育带了无限的新可能，以英语培训为例，传统的英语课堂重视阅读、写作而往往忽略了最重要的开口说，也就是人们常说的“哑巴英语”，这样的教学方式直接导致了学生学了多年英语后考试能拿高分却无法用英语进行简单的日常交流。同时，传统课堂学生人数众多，一对多的教学模式也决定了无法留给每个孩子充分的机会锻炼口语。线上教育的发展为解决传统英语教学的困境提供了途径。一方面，在线培训不限时间地点，学习者可以根据自己需求和兴趣安排学习时间地点以及学习时长，为英语学习带来最大的便利。另一方面，在线教育为一对一的培训模式提供了技术支持，使人均占有的学习资源最大化，达到充分练习口语的目的。可以说，“互联网 +”时代的在线教育，不仅使得商品经济得到空前发展，同时也给传统少儿教育模式带来不一样的发展体验。①

如何基于互联网运营的模式探索新道路成为海派少儿培训 IP 要思考的问题，当今社会互联网快速发展，少儿培训已经不再局限于传统的教学模式。互联网的发展给少儿培训带来的不仅仅是远程教育的方便性，还包括教育内容的改良，互联网提供的教材能够将文字、图像、音频、视频有效结合在一起，使得教学内容更加形象立体，教学过程更加生动有趣，更利于少儿接收理解。

---

① 卢馆孔、杜楚斌：《新形势下英语培训机构的机遇与挑战》，《智富时代》，2016 年第 1 期。

第四节 海派少儿培训 IP 的发展策略

海派少儿培训 IP 的发展处于多重因素的共同作用之下，运营策略的探索也是一项比较复杂的工作，在此从培训主体、家长、社会等不同相关主体的互动情境下做整体分析。

第一，加强培训机构与家长的沟通，在机构、家长、少儿的共建中推动海派少儿培训 IP 进步，实现引导、帮助少儿成长的目标。在很多情况下，因为家长对于孩子的过高期待，导致于许多家长不顾自身孩子的实际情况，盲目并功利性地给孩子报了大量的培训班，在加重孩子负担的同时又不能保证孩子有效地学习。家长应该有这样的意识："只有抓住了孩子的兴趣才能真正地实现教育的目标。所以家长在给孩子选择培训班时一定要慎重，同时要合理安排时间，不要给孩子造成过多的学习负担，导致培训效果大打折扣。家长要充分认识到少儿培训是以孩子的兴趣为中心的教育方式，提倡根据个性情况对孩子的能力和素质进行培养。尊重孩子的选择，正确引导孩子注重素质的提高，在不加重孩子学习压力的前提下进行培训教育才能达到预期的效果"①。家长是少儿成长和教育培训过程中重要的一环，海派少儿培训 IP 的打造过程中需要加强这一极的考量，通过多方沟通、共建打造有效的少儿培训方法，为推动海派少儿培训 IP 质量提升创造条件。

第二，培训机构加强自身建设。首先，海派少儿培训机构需要优化自身软硬件设施。培训机构要想加强自身建设，需在软件和硬件设施两方面同时着力，双管齐下。随着上海少儿培训市场的快速扩张，尤其是二胎政策放开后新生儿数量激增，师资的有限性导致培训机构教师的进入门槛逐渐降低，教师质量良莠不齐。教师质量是教学质量最重要的保障，因此对于培训机构而言，教职工素质的提高是核心问题。在教职工的招聘中，必须要采取严格的招聘标准，尽量选择学历素质双高人员参与培训工作，有

① 吴卉连：《少儿培训市场发展策略研究》，《济南职业学院学报》，2015 年第 4 期。

教学经验或相关教育学知识者优先。此外，学无止境，应聘者进入教育机构后并不等于就有了保障，机构可以定期开展培训活动以加强培训教师的教学技能，保证教学水平的后续提高和维持。[①]同时，在教学过程中可引入教学评估环节，定期考核教师的教学水平，并采取末位淘汰制度，以调动培训教师的积极性、主动性，更好地提升教学质量。此外，培训机构必须加强硬件设施建设。孩子是祖国的花朵，必须要保证他们的安全，同时，一个良好的学习环境能给学生带来好的学习心境，有助于学生对知识技能的学习掌握。

其次，海派少儿培训机构需要实施差异化发展战略。海派少儿培训机构在经历了价格竞争和同质化阶段后，现在的重点在于培育自身的品牌特点，强化品牌形象，实施品牌差异化发展战略，这对于少儿培训机构的发展至关重要。通过百度搜索“上海少儿英语培训机构”，我们能得出 7300000 个相关结果，百度搜索“上海少儿艺术培训机构”能得出 3940000 条相关结果。相关搜索结果那么多，家长又如何选择呢？在这种情况下，除了家长之间的口口相传外，少儿培训机构的品牌知名度是关键。当前市场上的培训机构基本同质化，数量庞大的相似机构让家长挑花了眼，品牌忠诚度下降。培训机构为了争夺生源保证机构的生存，只好进行价格战，从而导致品牌自身的溢价能力下降。面对白热化的市场竞争，海派少儿培训机构应当注意品牌树立时的差异化。[②]再次，海派少儿培训机构需要创新培训模式，小荧星艺术团是上海市知名的少儿艺术培训机构，“成立于 1985 年，目前拥有舞蹈团、合唱团、歌舞团、演奏团、影视团、戏剧团共五个分团，是上海广播电视台旗下的全资子公司。建团三十多年来。小荧星们活跃在电视荧屏、电影银幕及艺术舞台上，多次参加上海市重大文艺演出活动，创作了大批优秀的少儿艺

① 吴卉连：《少儿培训市场发展策略研究》，《济南职业学院学报》，2015 年第 4 期。

② 《一线酒汇 . 品牌溢价的三要素你知道吗？》，http://www.sohu.com/a/63244308_3911412016-03-13

术作品，并在全国乃至国际的多项艺术比赛中屡获大奖”[①]。小荧星艺术团不仅整合优秀资源给孩子提供优质的培训平台，更重要的是为少年儿童提供了多元化、多角度、全方位的艺术展示舞台。虽然小荧星艺术团相较其他海派少儿培训机构已经走出了更远的一步，但在互联网的大背景下这是远远不够的。海派少儿培训机构应该抓住线上教育发展势头猛进的时机，将现有的基于实体教育培训的培训机构的内容在互联网平台进行线上展示，并打造项目推介、课程咨询、线上订购和课程预约、基于位置的培训机构推送等全方位的 O2O 线上教育培训系统。[②]

第三，需要充分利用社会力量促进海派少儿培训 IP 发展。作为新兴产业，少儿培训领域的法律法规建设还存在很多问题，需要在市场的发展中不断发现不足、尽快寻找有效的解决方案，并且形成有效的运营机制。为了促进少儿教育培训的长期良性发展，使其作为制度化教育的重要补充更好地参与祖国教育事业的建设，社会各界应当共同努力，加强宣传，使其得到更多的社会关注和发展机遇。同时国家相关部门也要加快制订相关法律法规的步伐，监督整个行业的发展，做到有法可依、有法必依、违法必究。对于存在各种问题且对海派少儿培训 IP 健康发展有危害的机构、行为进行相应地处罚，努力形成有效的监督、评估机制，对市场和消费者形成正面的引导，同时也鼓励消费者在权益受到侵害时要勇敢地拿起法律的武器进行维权。

---

① 《上海小荧星艺术团》，http://baike.baidu.com/link?url=5ilyak3dxyXd8Hkm8eHn8LxX21AX3WLu8sH6avssL_M2S58UbLUM7tON4CIPA2vj33pGBKZFIxh_yI60uSrWA2z4ju9qSQv7DG6n8hQnc8WqMuQj5UwL8IdJtYTyHjhTrhiWBRQIGN7QHP1vNFhG050S2vU_4qJKaoxmHt3H_aC

② 刘铮铮：《“互联网 + 电视”的少儿艺术培训 O2O 模式》，《视听界》，2016 年第 5 期。

第十一章　海派少儿活动 IP 发展策略

少儿的教育不仅仅局限于书本知识的学习，更需要通过丰富多彩的活动来充实自己的知识，拓宽自身的眼界，少儿活动是对教育的一种补充与发展。积极参与少儿活动，进一步培养儿童特长，提升审美能力，有利于儿童身心健康，促进儿童的全面发展。海派少儿活动以其兼容并包的博爱性，及海纳百川的开放性吸引并带动着儿童的参与，在发展的过程中，不断完善突出自身特色，逐渐形成 IP。

第一节　海派少儿活动 IP 发展现状

上海有很多在全国甚至是世界范围内比较知名的少儿活动，如上海国际少年少儿文化艺术节、上海国际亲子活动等，而且有的活动已经有相当一段时间的历史了，形成了自身的 IP 特色和优势。但是鲜有把所办活动的经验与总结记录成一套完整的体系的，有关海派少儿活动的书籍及相关的课题、高水平论文还是相对较少的，少儿文化活动并没有利用自身的优势和经验去发展出相关的理论，对于少儿活动的解读，大多数都是参照其他与儿童有关的范本，少儿活动作为可以深挖的一个点，在理论上并没有得到足够的重

视。当然这并不妨碍海派少儿培训 IP 产业化、市场化发展的热度，

品牌化发展是海派少儿培训 IP 发展的重要目标和壮大的有力途径，为了加强少儿活动的推进力与影响力，活动方在主办少儿活动时，不断注重对少儿文化活动品牌的打造，通过各方途径加大活动的宣传力度，让其受众能广泛并持续地参与到活动中来。像上海国际少年少儿文化艺术节自 1994 年在上海举办了第一届后，此后每三年都会举办一次，是少年少儿文化艺术交流的盛会。浦东新区青少年活动中心举办了首届少儿达人 SHOW，获得了不错的反响。通过活动的连续举办，对活动多次曝光，进一步会提升品牌的影响力，让受众持续地参与到活动当中，与受众间建立一种良好的关系，加强受众对于海派少儿活动 IP 品牌的认同感。

海派少儿活动 IP 在发展中形成了成功的典型代表，如上述提到的一些国际规模的活动，但是仍有很多规模较小，没有形成太大的影响力的活动。其原因是对少儿活动的主题挖掘程度不深，一味地跟风与模仿，没有形成自己的活动特色，受众不会买账。有的活动方一味的追求经济效益，然而却严重忽略了活动的社会效益，结果反响与口碑极差。此外，从事海派少儿活动的专业人员也比较少，大部分是因为某场活动而临时拼凑在一起的团队，专业人才队伍的培养也比较欠缺，没有设置相关技能的培训。办好一场活动，需要各方的努力与推动，相关工作人员要有较好的艺术素养，并能对活动进行很好地计划、组织、协调，能很好地把控整场活动。总体来看，海派少儿培训 IP 具备了一定的规模、也形成了一批代表性的 IP 品牌，但同样存在一些问题，整体海派少儿培训 IP 市场需要不断发展、进化、完善。

第二节　海派少儿活动 IP 的艺术特征

培训活动根据不同的年龄段、不同培训内容会表现出不同的特征，而且培训活动和少儿文学、游戏、影视等相比，并不是具体的文化形态，所以很

难用从文艺特征方面来进行审视。但是经过概括也能够发现海派少儿培训 IP 具有一些鲜明的特性。

第一，海派少儿培训 IP 具有海纳百川的包容性。上海以其独特的地理位置与它丰富的历史，使得海派文化本身就带有开放性的特点，它能够博古览今，融贯中西，让其文化中的精髓部分为我所用，并及时去除与时代发展不相符的东西，为文化注入新的生机与活力。海派少儿活动也充分体现了海派文化的特点，以其海纳百川的包容性吸引着世人的目光。不仅活动形式非常多样，内容上也充实丰富。以“2016 华人星秀国际青少年艺术节”为例，活动是一次青少年的才艺大赛，前期在各个地区选拔出选手，最后进行总决赛。活动在测评项目上总共分为三类，分别是艺术类、文学艺术和英语。在艺术类下面有着更为详细地划分，不仅有中国特色的民族乐器、民族舞、古装舞等，也有国际性的西洋乐器、踢踏舞、国标舞等。活动期间，还可以参加组委会特别安排的一些中外名家讲座课程，在欣赏作品的同时也能进一步学习。在活动的形式与安排之中，可以看到海派少儿活动的兼容并包，融贯中西的特点，文化的发展与进步不是固步自封的，而是通过在引进与输出的过程中，不断思考，对文化进行扬弃。文化越开放包容，才能越接纳更多的优秀东西，为自身文化增加色彩后，才会被更多的人所喜爱。

第二，海派少儿培训 IP 内容上具有多元性。现如今，我们经常提到的一个词就是内容为王，的确，外在的形式不管多么丰富，离开了好的内容，那么就成了哗众取宠。一场海派少儿活动要想形成它的 IP，必然要在活动的内容上深下功夫。好的内容的打造首先离不开的是对于主题的选择，主题是整个活动的核心，所有前后期的准备都需要围绕主题来展开。如第一届浦东“少儿达人 Show”活动，时间为 2010 年，2010 年是世博年，也是浦东新区开放 20 周年。活动时间的选择上，就很有寓意，并在此基础上将主题定为“世博欢迎你，快乐才艺 SHOW”。主题的选择也激发了孩子们参与活动的热情与信心，因为他们会以“小东道主”的姿态积极地参与到活动中来。活动内容中也结合了孩子自身的特点去设置，以一些普及性和参与性的内容为主，活动分为“歌世博、颂世博、舞世博、奏世博”四个专场，活动内容的多元性，在一定程度上确保了每位孩子都能参与到活动当中来，真正体会到做小东道主的感觉。“活动是以培养青少年“自信、勇敢”、激发其艺术素养潜能为宗旨，引导学生勇敢“SHOW 自己”的学习生活观念”[①]，环节和内容的打造真正做到从孩子的角度出发，让孩子在开心的同时提升自己的能力，在各方面促进了孩子的健康发展。活动的主办方浦东新区青少年活动中心，现在也在延伸与拓展活动的新方向，像影视剧、舞台表演等，来进一步充实自身内容，把最美好的东西留给孩子，让孩子能够健康快乐的成长。

第三，海派少儿培训 IP 具有鲜明的创造性。海派文化正是在其兼容并包、多元开放的基础上，赋予了其创造性的特点。它不排斥外来文化，也不因循守旧，反而能结合外来的精华来对自己的东西加以创新，紧跟时代的步伐。海派少儿活动在多年的发展过程中，并不是披荆斩棘，一路顺利的。现在也遇到了诸多问题，如形式的固定化，内容上太单薄，多场活动做下来，好像都差不多，也就是出现了同质化的一个现象。但是，还是有很多活动都在不断寻求新的发展，从各个角度寻求创新之路。由上海少儿读物促进会、“小香咕阅读之家”联合举办的“情境化阅读：‘海派小熊’的美好未来”活动提出了一个新的方式，就是“情景化阅读”。主办方是以当下上海非常具有人气的儿童类小说《小熊包子》作为孩子的阅读文本，以新形式下引导青少年回归文本阅读为目的所开展的活动。首先，这次活动在阅读文本的选择上就煞费苦心，《小熊包子》这部作品从策划到出版经历了三年时间，这期间，向很多儿童询问他们的想法与意见，在童话中融入了很多时代的新元素，将奇幻的故事与现实生活融为一体。而书中的主题为“陪伴”与“成长”，这也与儿童的贴合度非常高，有了很好的阅读文本。其次，就是利用好这个故事，提出了“情景化阅读”的方式。将这一文本改编成了舞台剧，书本阅读与舞台剧观看同时推进，会加深孩子对书中内容的理解，也会培养孩子对于读书的兴趣，寓教于乐。以《小熊包子》故事改编而成的舞台剧不

① 曹丽娟：《注重品牌建设，繁荣青少年校外艺术文化教育活动刻不容缓——二届“少儿达人 Show”活动的启示》，《中国校外教育》，2012 年第 8 期。

仅被搬上了学校的舞台，至今已经举办了上百场活动，而且主创团队与中国福利会儿童艺术剧院举行了签约仪式，准备将《小熊包子》系列舞台剧搬上中福会儿童艺术剧院的舞台。这也是业界对其活动的认可，这也表明试探性的创新少儿活动是成功的。对一个少儿故事 IP 进行开发，开发出少儿戏剧 IP 和少儿活动 IP，关键是引入了创新型的元素“情景化阅读”这一方式。因此，创新的影响力不可忽视。

第三节　海派少儿活动 IP 发展过程中的问题

上海举办海派少儿活动虽然有着得天独厚的优势，能利用到的资源非常之多。但很多优势并没有很好地利用，相反，在众多的选择面前，部分活动的主办方眼花缭乱，无论是什么资源、什么元素都想加入进去，最后导致一场活动下来，受众什么也没记住，口碑和反响平平。原因是对其市场定位不清晰，活动目标都想达到，最终哪个也达不到。这便是海派少儿活动 IP 发展中存在的第一个突出问题，那就是市场定位存在不清晰的问题。在举办一场活动之前，首先需要考虑到活动的目标人群，是 0—2 岁的婴儿，还是 13—14 岁的少年，除了考虑受众的年龄范围，还要考虑到受众的受教育程度，是针对小学生还是高中生，以及需要考虑受众对这个活动的心理接受程度。一些活动的主办方目标广泛，认为潜在受众基数越大，就意味着活动所能覆盖的影响力越大，但结果并不是这样，还是需要有一个长远的活动定位。“因人而异”的定位，这种分众化的传播方式，看似流失了一部分受众，但是留下来一定是最忠实的受众，而这些忠实的受众凭借对于活动的喜爱会对活动进行口口相传，形成口碑营销，进一步提升活动的传播力和影响力。

第二，很多海派少儿活动 IP 存在个性化不突出的问题。就像上文所提到的同质化问题，有些活动在积极地寻求创新之路。但是还有很多活动停滞不前，形式固定老化，内容的推敲打磨不够，创新能力不够，没有形成自身活动的特色。个性是少儿活动 IP 的一个标识，是让受众为之眼前一亮与进一步关注的源泉。活动的形式大部分都是围绕声乐、舞蹈、乐器等设置相关赛事比拼，比赛规则也是依据专家评委的打分来做出评判。很少有活动能够独辟蹊径，转化思维去做出一些新的尝试的。如可以尝试一些竞技类的体育项目足球、乒乓球等，规则中也可以加强与场外受众的互动，进行现场观众投票，或者设置网络投票通道等，这样也会让更多的人关注到这场活动，也是对活动一个很好的宣传。同时，活动的个性化服务也很不到位。活动前期缺少对受众的引导，中期放松对活动的宣传，后期不聆听观众的意见与反馈，这是现阶段很多活动所忽视的地方。有的活动会组建相关的群，可以让更多的人在群里进行交流讨论。还有的活动推出了专门的艺术节会员服务，为其会员打造个性化、私人化的服务内容。总之，可以通过多途径来突出活动的个性化，但是现在很少有活动能做到令人印象深刻的。活动的个性化不突出，受众的关注度就不高，活动的影响力上不去，活动的盈利就成了问题，导致了恶性循环的过程。

第三，整体来看，虽然已经形成了部分优质 IP 品牌，但是海派少儿活动 IP 运营过程中缺乏对品牌的维护与打造。虽然现如今已有一些海派少儿活动像上文提到的上海国际少年少儿文化艺术节、浦东“少儿达人 Show”，活动已经形成了一定的规模，而且品牌发展到现在也比较响亮。但是大部分活动都是在举办了一届后，从此销声匿迹了，没有自己的规模和影响力。除了一些内容形式上原因外，如主题不够突出，形式太过平常等。还有就是对于品牌的维护与打造不够，没有利用多种手段来对活动进行宣传，更准确的说是没有与受众间建立一种长久合作的关系。不去对活动做有效的宣传，不去让受众深度了解自己的品牌，不让受众参与其中，其品牌的维护与打造必定是失败的。可以在前期筹办一些小的体验式的活动，给受众充分了解与参与活动的机会，提前感受活动的氛围，适当地去做体验营销，在扩大了宣传的同时也增加了受众的好感，就会进一步提升品牌的形象与影响力，品牌的维护和打造不能忽视受众的作用。

第四节　海派少儿活动 IP 的条件

上海的经济、社会、人口、教育等方面的优势为海派少儿活动 IP 的发展创造了条件。第一，海派文化独有的优势为少儿活动 IP 提供了有力支撑。海派文化经过长时间的发展与洗礼，与其他文化相比，已经形成了它不可磨灭的优势。上海是座国际化的大都市，城市的眼界与胸怀非常宽广，吸引了诸多外来文化与资源，这也是海派少儿活动 IP 能繁荣发展的一个条件，一些海派少儿活动恰恰利用了这个条件，然后转化为机遇，再进而转化为活动成功的关键要素。像已经举办了多届的中国上海国际童书展（CCBF）活动，就很好地体现了海派文化的包容性与开放性，活动用心地设置与安排，使活动在国际上得到很多关注，真正做到了活动迈出国门，走向世界。在 2016 年的活动中，邀请了几位外国作家与插画家出席到活动中来，有来自阿尔卑斯山地区本杰明·修德，来自瑞典的安娜·卡林、海琳娜·菲丝克等人，并给他们的粉丝提供了福利，在上海举办了多场读书会和研讨会，与粉丝进行交流互动。此外，还举办讲座，为外国作家与中国同行作家搭建了一个沟通的桥梁，分享彼此间的心得与体会。同时，活动还设置了上海国际出版人访问计划，让来自法国、德国、葡萄牙等多国的出版商来访中国，不仅向外国出版商提供了一个很好地了解中国出版市场的机会，而且这也是中国的出版商和世界顶级出版商进行业务洽谈的机会。中国上海国际童书展活动还筹划了专业论坛，围绕“商业实践”“数字思维”“阅读推广”和“大师工坊”等这些时下火热的主题，在活动前后办了将近 20 场。论坛上聚集了国内外知名人士，让与会者能够就主题进行深度探讨。相关活动以开放式的思路与包容性的心态让很多参会者都不枉此行。活动正是以一种国际化的视角与目光去筹办，才让其内容变得多元丰富，让活动的专业水平上升到一定高度。

第二，教育的发展增强了对海派少儿活动 IP 的需求。现在提倡的教育是素质教育，就是德、智、体要全面发展。仅仅是学校的学习已经不能完全满足家长与孩子的需求，而是需要丰富多彩的课外少儿活动来对学校的生活与学习作进一步补充与延伸，也是对日常生活的一种调节。尤其是在上海这样快节奏的城市，不仅仅成人间存在激烈的竞争，孩子之间的竞争也十分激烈，从孩子上幼儿园开始甚至是更早，家长就已经考虑到如何让自己的孩子全面健康地发展。积极参加健康有益的少儿活动，让孩子可以更好地融入世界，这也是海派少儿活动不可忽视的机遇。上海市长宁区国际儿童艺术节国际儿童公益绘画大赛考虑到家长对活动的预期与心理，以对儿童进行美学教育，挖掘儿童的艺术天赋并培养儿童的个人创造力，让这种美学素质教育能惠及到每个孩子身上。而且在这次比赛当中，也增加了许多趣味性和互动性的内容，最新颖的莫过于为孩子们准备了一面“奇趣涂鸦墙”，孩子能够在墙上自由自在地表达自我的情绪，想怎么画就怎么画，是一片孩子们释放自我的天地。这样的活动能让孩子能够对绘画这种艺术形式感兴趣并产生进一步的认识，知道绘画原来不仅仅是在纸上画，涂鸦也是绘画的另一种形式，设置一些切身让孩子体验的环节，将会加深孩子对于活动的认知，这也提升了家长对于活动的好感度。少儿活动可以在深入分析现阶段家长的心理及儿童发展的特点基础上，去设计一些真正能对孩子有所帮助的环节，秉持“以人为本”的原则去推动活动的进行。

第三，新兴媒体的成长为海派少儿活动 IP 的发展提供了新的平台。现今已步入新媒体时代，网络十分发达，不仅冲击了像广播、电视这样的传统媒体，也冲击了以现场表演为主的少儿活动。很多人宁愿窝在家中做“沙发土豆”，也不愿意走出家门去拥抱阳光。这对于少儿活动的发展来说既是一种挑战，也是一种机遇。如能够利用好新媒体，加入新媒体的大潮中去，势必对活动的发展起到强大的推动作用。很多活动都建立了自己的网站，开通微博账号，甚至更有心者，专门去运营微信公众账号。在这方面做的较为成功的是佘山少儿营地，不仅有网站，微博，还有微信公众平台，它的微信平台的更新频率较快，会及时地发布营地的活动通知，及活动结束后，对于活动的总结。微信内容的推送不只是局限于自己活动的介绍，还会把情感类的内容与活动完美地结合进行推送，尤其是在特殊节日的时候，如在母亲节那天，推送了《感恩母亲节，让亲子活动与爱同行》，在儿童节当天，推送了《六一儿童节　好想

永远童心未泯》。它的推送也会结合时下的热点，在电视剧《三生三世十里桃花》热播时，微信推出《走进佘山营地的三生三世，十里桃花不如你》，在赵雷的《成都》火爆全国时，微信推出《如果赵雷的〈成都〉来到佘山营地》。内容的推送与活动的宣传结合得并不突兀，反而一举多得。佘山少儿营地很好地利用了新媒体工具来为自己的活动做推广，效果不错。可见，如能很好地融入新媒体的大潮中将会变成少儿活动发展的机遇。

第五节　海派少儿活动 IP 发展策略

基于上述存在的问题与有力条件，海派少儿活动 IP 发展策略的分析成为从业者与研究者需要共同探讨的课题，在此我们从以下五个方面予以展开。第一，海派少儿活动 IP 要明确市场定位、进行分众化传播，办好一场活动需要明确活动的市场定位，发挥长尾理论的作用，不要担心针对的人群太少而失去了大部分受众，实际这些细分的人群将给活动带来更大的效益。不要盲目做无效地的广泛传播，而是要理智做清晰地分众化传播，这是少儿活动在推广时所应注意的问题。像上海国际亲子博览会活动，它的参展范围包括儿童教育、亲子服务、亲子游等内容，内容本身与活动的相关性就很高。同时，活动的受众定位也很明确，而且在官网上有详细的告知，它的观众是由上海市总工会申工社组织 0—14 岁适龄儿童的中高端收入家庭，市妇联组织 0—14 岁适龄儿童的中高端收入家庭，上海市外资行业协会邀请外商在沪 500 强机构、办事处的适龄家庭等组成的，总体可以看出活动的受众定位是偏向于受教育程度高、收入高的家庭，因为参展的企业品牌大部分都是比较高端的。这样的受众定位与参展的企业之间做了一个很好地对接，使得活动传播获得了很好的效果。上海国际童书展，在活动开始前，就会让观众提前在网上进行预约登记，给出几个选项选择，有书店、书商，文稿代理商，批发商和零售商等选项，让活动方提前了解观众的身份，以便根据观众的个人信息，通知与个人相关度高的活动。观众在书展上就会知道该去听哪个讲座，哪个论坛比较适合自己。可见，明确活动的定位将在很大程度上影响活动的效果。

第二，打造海派少儿活动 IP 的品牌形象，注重持续性与稳定性，避免追求短期效应。一个少儿活动能够连续举办多届依然屹立不倒，还能焕发出新的活力，离不开的是对于活动品牌的维护与打造。品牌是一场活动的核心竞争力，意味着观众对于活动的高度认可，也意味着主办方的悉心运营与呵护。如上述提到的长宁区国际儿童艺术节国际儿童公益绘画大赛，活动的一个目标就是为西藏贫困儿童募集善款，用于西藏贫困儿童的艺术教育，让美学教育能够惠及到更多的儿童。浦东“少儿达人 Show”活动以服务广大青少年为宗旨，它是特殊青少年的校外“给力站”。让孩子们能够在活动中汲取到更多正能量。两个活动都注重活动的社会效益，通过活动所传递出的社会温度树立活动的品牌形象。当然，品牌形象的建立源于多个方面，如活动的定位、活动的服务、活动的社会效益等。主办方应该从多个角度进行考虑，全方位的树立品牌形象并长期地经营维护它。春耕文化艺术交流（上海）有限公司策划、举办的世界儿童糖果音乐节已经连续举办 2 届（如图 11.1），得到上海市静安区宣传部、文化局、中国少年儿童电影学会、澳大利亚路易斯音乐工作室等社会各界的大力支持，已经打造出一定的影响力，春耕公司力求通过持续地积累，将其打造

图 11.1　第 2 届世界儿童糖果音乐节海报

成一个具有强大生命力的海派少儿 IP 活动品牌。

第三，创造性地借助媒体做好宣传、辅助海派少儿活动 IP 发展。比如佘山少儿营地利用微博、微信等新媒体工具对活动进行有效推广与宣传，活动的推广与宣传需要尽可能借助媒体来为活动进行曝光，不仅仅是新媒体，还包括传播媒体。通过媒体的报道，对消息进行扩散，会渐渐地形成一种病毒式的传播。2016 年“华人星秀”国际青少年艺术节，在总决赛时请到中央电视台《公益的力量》栏目组，对全场进行跟踪报道，后期在国内外各大媒体网站对该活动进行宣传报导。上海国际亲子博览会活动更是与全国近百家媒体进行合作，多渠道地对活动进行推广，媒体及时地对活动进行宣传，以高强度的曝光获得了关注，同时也为活动营造了一种良好的氛围。与媒体间建立一种良好的关系，让媒体对活动进行全方位地推广宣传能助推活动的顺利开展，也会为活动创造出更多机会。

第四，注重在新的信息传播环境下维护与受众的关系。维护好海派少儿活动 IP 与受众的关系不是一朝一夕的，而是从活动开始在筹备阶段时就需要去考虑的。通过为受众提供全方位的服务，设身处地为受众考虑，让受众能对活动留下很好的印象，形成口碑，把一批批新受众变成忠实受众，就意味着活动的影响力扩大了。可以制定一些因人而异的计划，提供一些贴心帮助与服务来与受众间建立一种持久的关系。上海国际亲子博览会专门制定了 VIP 观众计划，来自教育加盟、亲子产品相关公司有代理采购决策权等且符合相关职位将会成为 VIP 观众，VIP 观众可以凭胸卡免费参加现场活动，聆听行业内专家的讲座，还可商务配对服务。通过向 VIP 观众提供精致的服务也可以提升活动的整个品质。上海国际童书展也专门设置了金风车国际俱乐部，它为从事儿童图书和儿童教育相关业内高层人士提供了交流的机会。同时，在它的官网上，也有一些旅行贴士、吃在上海、玩在上海的信息。精致的服务与温馨的贴士会让受众觉得是真正参与到活动中来的，对于活动的印象自然会提升。

第五，促进海派少儿活动 IP 元素的多元化与丰富性。虽然我们总是强调内容为王，但也不能忽视一些形式上的东西，内容是一场活动的骨架，形式却决定了活动的呈现的精彩程度。少儿活动考虑到孩子的年龄与接受程度，更需要通过形式上的东西来加强孩子对于活动的理解。佘山少儿营地不仅每次活动的内容非常充实，而且活动的形式也很精彩。在一次“成长家园 童心向党”2017 年长宁妇联系统家庭教育的亲子活动中，活动举行了开营仪式和结营仪式，通过强烈的仪式感让孩子和家长能认真对待这次活动。而且环节的设置也非常丰富，为突出活动的食品卫生教育和交通安全教育的内容，活动通过家长与孩子一起做游戏，以一种快乐的方式让孩子了解食品安全知识。为普及消防知识，还设置了警报声，着火场景，让孩子进行烟道逃生的模拟演练。通过多样的形式既达到了亲子的目的，也让孩子轻松地学到了很多知识。举办少儿活动可以加入形式上的各种元素来让内容更充实。再如春耕文化艺术（上海）有限公司策划的海派怀旧秀《四世同堂》（如图 11.2），吸引众多知名老艺术家加盟，他们和小演员们一起排练、表演，带给小朋友们别样的童年体验、引导他们提升艺术素养；同时带有浓郁的海派风格，充满了鲜明的海派文化元素，实现了海派文化元素与少儿活动在 IP 打造视域中的有机结合。

图 11.2　海派怀旧秀《四世同堂》剧照

第十二章　海派少儿涂鸦 IP 发展概论

随着城市不断发展，公共空间与艺术的内涵越来越丰富，涂鸦作为一种个性化、年轻化的表达形式已在我国诸多城市得到成长。褪去最初“非法”“地下”等特征，涂鸦成为装点城市公共空间的一抹亮色，并成为构建城市文化的重要组成部分。本章在分析城市空间传播环境碎片化的基础上，从 IP 构建的视角探讨“海派涂鸦”与城市空间的关系、作用机制和引导方式。

第一节　少儿的城市空间发展与“海派涂鸦”

涂鸦是城市发展中产生的一种艺术形态，始于 20 世纪 60 年代末的纽约，80 年代末于我国出现，经过多年积累，开始被人们所接受、认可，“渐渐淡去反抗与政治色彩，主题与内容变得多元，被越来越多的城市所接纳，演变为一种独特的城市文化景观”[①]。自从对涂鸦的认知从“空间破坏者”转变为“空间建构者”，其艺术性、趣味性、个性创作便成为涂鸦者追求的目标，用符合现代审美标准的表达方式参与到城市空间发展中，上海、北京、

① 骆玉洁:《对城市景观涂鸦的发展趋势的探讨》,《包装世界》, 2016 年第 2 期。

重庆等地的很多涂鸦场所甚至成为知名城市的地标和名片。

很多人认为涂鸦在城市中静态存在、影响力小，与少儿文学、出版、影视、游戏不同，没有从 IP 化视角进行关注与研究的必要。但这种观点在少儿成长过程中，环境的影响在很大程度上比媒体、文艺作品更大，正如“孟母三迁”便是强调生长空间的重要作用。涂鸦直接存在与少儿每天能够看到的建筑、房屋墙面上，涂鸦的立意、内容都会对少儿思想理念的形成和发展产生直接影响。此外，涂鸦的意义不仅仅在于环境装饰，而是植根于城市文化、反映居民生活情感和精神诉求，中外很多知名涂鸦场所、作品都能够体现这一点。一方面，优秀的涂鸦作品能够反映所在地的历史文化、社会生活，比如柏林墙涂鸦中包含丰富历史场景、莫斯科街头涂鸦中出现大量民族服饰元素、墨西哥街头涂鸦带有浓厚土著文化气息；另一方面，涂鸦能提升街区的景观、文化内涵，城市空间与涂鸦艺术之间存在相互促进的内在联系。我国处于经济社会转型期，城市空间处于频繁的变动、重构中，这为提升涂鸦创作水平、参与城市空间发展提供了更大可能性，也可以说，城市空间发展需要更多涂鸦精品的出现。

我国涂鸦经过二十多年发展，在不同地域、城市渐渐形成一些独特的风格，并出现一批代表性作品。上海目前已经形成数十处主题鲜明、风格独特的涂鸦场所，比如 M50、甜爱路、静安公园、南外滩码头等，“上海街区涂鸦能结合不同时代背景表现特有世俗生活景象，显现繁华市区、弄堂、老城区以及郊区乡村的当地文化特征”[①]。随着创作水平与数量的提升，“海派涂鸦”开始形成一种整体性的风格和影响力，具备了成为城市文化 IP 的基本条件。

“艺术现代派风格更多的是创作上的个体追求，但作为海派的艺术，则主要是表达上的一种地域性风格共性”[②]，因为上海涂鸦已初具规模，并在城市空间、文化视域下具有不同于北京、广州、重庆等地涂鸦的独特风格，所以基于此可将其称为“海派涂鸦”。

---

① 林丽玉：《上海街区涂鸦艺术的三个主题》，《公共艺术》，2016 年第 2 期。

② 蓝凡：《论海派艺术的现代性属性》。载于李伦新、忻平主编：《海派文化研究文集 12》，上海大学出版社，2014 年 6 月版。

第二节　碎片化背景下的“海派涂鸦”IP 发展

海派文化具有极强的包容性与创新性，在“海纳百川、兼容并蓄”的演进过程中，越来越多优秀的文化、艺术形态被吸收、融合，完成优秀历史文化的传承和现代都市文化的构建，“海派涂鸦”便是新近产生的、年轻的海派文化代表者。

但是目前海派文化在传承、发展中面临诸多困境，除了优秀的海派文化资源出现断层、原创能力亟需提高等内在问题，最突出的便是海派文化发展的传播环境发生了颠覆式变革，对文化内容、传播方式提出了碎片化要求。海派文学、海派电影均是依托报刊、杂志、广电等传统媒体完成传播和构建的，但当下的文化传播途径处于全面向互联网新媒体的转型中，尤其“互联网原住民”的年轻一代更把新媒体作为主要信息来源，“互联网给文化产业带来了多元化的发展，使得美术形式风格趋于类同，海派文化的地域性特点正变得越来越不明显”[①]。

地域性与个性化的削减、异化程度的提高是碎片化传播带给文化、艺术创新的难题，但这对“海派涂鸦”的影响相对较小，因为“海派涂鸦”与新媒体的发展基本同步，很多涂鸦者通过网络寻找灵感、传播作品、分享经验，而且“海派涂鸦”场所、作品在“线上”也拥有大量粉丝。“现代社会发明了一张巨大的‘观看网络’，‘权力的眼睛’已经渗透到社会空间中，一系列新的主体形式被生产出来”[②]，涂鸦参与城市空间与文化构建的方式不再只存在于固定的场所、墙面，而是能通过“观看网络”为更多“眼睛”所欣赏和评论，线上互动同样成为“海派涂鸦”构建城市空间的重要方式。

① 龚世俊：《海派文化影响下上海工艺美术的传承与创新》，《装饰》，2016 年第 4 期。

② 刘涛：《社会化媒体与空间的社会化生产——列斐伏尔和福柯“空间思想”的批判与对话机制研究》，《新闻与传播研究》，2015 年第 5 期。

这种线上与线下的跨平台创作、传播体现了文化 IP 发展和运营的内在要求。“IP 化不是优质 IP 与外在资源的简单加法，而是产生巨大市场价值的乘法，需通过多元化途径强化自身 IP 矩阵”①，作为前沿的文化产业发展理念，IP 化一方面要打造优质文化内容，一方面强调最大限度跨界整合资源，为提升 IP 内容的影响力、辐射力乃至商业衍生能力服务。不同于海派文学、海派绘画等形态，“海派涂鸦”从产生之初便带有碎片化特征，各种作品散落于城市各个角落，并且很多优秀作品会随着墙体刷新被覆盖，或者每隔一段时间便进行再度创作。所以“海派涂鸦”从创作阶段便存在碎片化特征，其影响力的提升更是依赖于新媒体的关注、传播，各种碎片化、数字化涂鸦内容得以在不同传播平台上实现欣赏者注意力的重聚，这正是 IP 化传播的目标效果。

第三节　个性化“海派涂鸦”IP 的生成与发展

上述“海派涂鸦”与 IP 理念之契合，仍停留于艺术形式、传播途径层面，“海派涂鸦”还要在生产机制、城市空间塑造、文化产业进步等方面进一步发展。“城市景观的文化属性是人们认同城市景观根基的重要层面。表达地域文化的公共艺术、表达历史文化的公共艺术和表达场域主题的公共艺术，共同体现城市整体形象，强化城市独特个性”②，“海派涂鸦”不仅作为一个整体 IP，还要结合城市不同区域、类型空间发展过程中的特点，构建更为个性化的 IP 内容，这样才能使以“区域性”为主要特征的“海派涂鸦”更具生命力和适应性。当然，在碎片化背景下的个性化“海派涂鸦”IP 生成需

① 刘峰：《出版机构 IP 化经营：媒体融合背景下的创新策略探析》，《出版发行研究》，2015 年第 8 期。

② 袁琨：《城市景观中公共艺术的内在逻辑与环境建构》，《装饰》，2015 年第 11 期。

要遵循新的规律、探索新的方式方法，在此结合相关案例予以分析。

首先，深入挖掘、表现上海生活，这是个性化“海派涂鸦”IP 构建的源头之水。“海派涂鸦”与其他城市涂鸦的根本区别不在于涂鸦的方式、工具，而是因为用现代公共艺术语言表达涂鸦者对上海这个城市的感悟、理解，这是个性化“海派涂鸦”IP 产生、发展的基础。比如静安区富民路裕华新村、徐汇区新乐路 134 弄的涂鸦（如图 12.1），把老弄堂与新民居、旧上海与新都市的画内外元素融为一体，能让观者体会海派市民生活的情调；金山区枫泾新义村八组（如图 12.2）、松江区大仓桥的涂鸦为城郊、乡土生活注入现代气息，而且枫泾很多散发浓厚乡土气息的涂鸦作品出自法国艺术家马兰之手，体现了海派文化“融汇中西”的特点，也是“海派涂鸦”IP 构建中的一个特色。

其次，体现商业衍生功能，这是个性化“海派涂鸦”IP 构建的内在要求。涂鸦除了具有装点城市空间的功能，还可成为城市文化产业发展的组成部分，比如纽约的“5 Pointz”涂鸦、布里斯托街头艺术节涂鸦都成为文化名片，通过旅游、节庆等方式带动当地文化产业发展。促进文化产业发展是

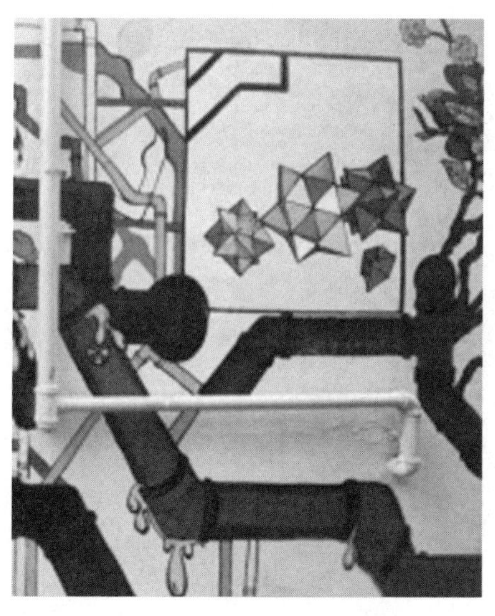

图 12.1　徐汇区新乐路 134 弄的涂鸦

图 12.2　金山区枫泾新义村八组的涂鸦

IP 化运营的内在要求，这正是诸多“海派涂鸦”可以发挥的功能，比如大场镇 1000 平米动漫涂鸦墙（如图 12.3），以鲜明的主题性、庞大的画幅广受瞩目，对提升上海动漫衍生产业园的知名度有很大帮助，如此“海派涂鸦”IP 也深度参与到文化产业发展当中。

再次，多角度展现上海活力，这是提升“海派涂鸦”IP 个性感染力的有效方式。涂鸦是一项年轻化的公共艺术表现形式，不仅需要涂鸦者充分释放自身创作活力，也需要表现具有感染力的个性化内容。比如洛克公园涂鸦墙（如图 12.4）用色大胆、张力强，与篮球公园的主题、氛围一致，两个月的更新频率也不断激发新的创意与活力；再如沪上诸多高校认可、引导涂鸦文化发展，为年轻学子提供展示自我的场地，上海交通大学闵行校区、华东师范大学闵行校区、上海理工大学军工路校区都有专门为学生开辟的涂鸦墙，成为现代校园文化的亮点，也是成长中的“海派涂鸦”个性化 IP。

第四，强化、突出主题性，这是个性化“海派涂鸦”IP 构建的必由之路。“海派涂鸦”IP 的发展需要基于本区域城市发展的丰富性和突出涂鸦主题的多样性，主题突出便于使“海派涂鸦”IP 具有更强的个性化特征，比如甜

图 12.3　大场镇 1000 平米动漫涂鸦墙

图 12.4　洛克公园涂鸦墙

爱路涂鸦（如图 12.5），虽然规模不大，但是个性鲜明、精致美好，以“最浪漫的爱情街”为主题，吸引大批市民前来涂鸦，并在网络、社交平台上保持高人气，以个性化的浪漫“海派涂鸦”成为“网红IP”；再如 M50 创意园区涂鸦，因富有创意和现代艺术气质而广为人知，这与 M50 园区的主题高度契合，由老厂房改造而来、聚集大量艺术家的园区，被很多人称为上海涂鸦的“大本营”，园区内的涂鸦作品也成为高质量、个性化的“海派涂鸦”IP。

图 12.5 甜爱路涂鸦

第四节 海派少儿涂鸦 IP 发展的思考

转型过程中城市发展、传媒文化空间都出现强烈的碎片化特征，并对创作产生直接影响；“涂鸦者直接处于公共空间现场涂抹，丰富的环境因素，包括载体材质、空间风格、人群目光，都构成创作的组成部分”[①]，涂鸦创作与传播本身便带有碎片化特征，与新形势下的城市、传媒空间发展趋势相契合。“接续传统，决不能只翻拍‘老照片’，而要深入分析‘海派文化’生成机制，为养育 21 世纪上海文化提供营养”[②]，我们需要探索新的思路与方法，推动海派涂鸦在城市空间构建中发挥更积极的作用。

“海派涂鸦”的进一步发展需要立足于海派文化在碎片化背景下新的

① 陈卫平：《上海：城市精神海派文化人格形象》，《探索与争鸣》，2003 年第 7 期。

② 樊清熹：《涂鸦艺术的后现代美学特征》，《求索》，2016 年第 7 期。

"生成机制"，而 IP 化发展便是现代文化、艺术产业创新运营的前沿思路。"海派涂鸦"在一定程度上已具备了 IP 化发展的条件，但还需要针对碎片化创作和传播的需要，从政府引导、涂鸦理念、传播方式、产业衍生等诸多层面进行综合统筹，推动个性化"海派涂鸦"IP 不断发展，在城市空间构建和文化进步中发挥更大作用。

城市是成人的生活空间，同样是少年儿童的生活空间。在少儿文学、影视节目、网络信息的传播过程中，家长、老师都可以为少年儿童扮演"把关者"的角色，可以帮少年儿童过滤不良信息、创造适合他们健康成长的信息环境。但是涂鸦却不同，涂鸦是与城市空间紧紧贴合在一起的，它们具有强烈的色彩、构图冲击力，与单调、统一的钢筋混凝土建筑相比，涂鸦对少年儿童来说具有天然的、强烈的吸引力，所以涂鸦作品的主题、内涵、形式对于少年儿童有直接的作用和影响。

尤其是对于家庭、学校等生活环境中就有涂鸦作品的少年儿童来说，他们肯定会观看、欣赏这些涂鸦作品，进而将其化作自己认识世界、思考世界的元素。所以从这个角度来看，城市涂鸦并不是一个有艺术家"随心所欲"创作的，需要对少年儿童的影响予以充分思考。比如上文提到的大场镇 1000 平米动漫涂鸦墙便收到很多小朋友的喜爱，在未来的城市发展中，应当对涂鸦对少儿的影响、少儿涂鸦这一细分类型的培育有所思考，为少儿文化的发展提供一个新的窗口。

如图 12.6，这是意大利艺术家 Millo 在上海张江经典幼儿园创作的巨幅涂鸦，墙面有 18 米之高，也成为当时上海最高的涂鸦墙。"张江经典幼儿园园方就是在看了 Millo 以前的作品之后表示出欣赏，特意将原先墙面上的招牌拆除，为他的创作腾出空间。同样，Millo 表示会在画作中加入中国和上海元素"[①]，按照这样的理念创作的涂鸦作品不仅能够体现涂鸦创作的精神、内涵，能够美化、再造城市空间，更能够为少年儿童打造充满艺术美感的成

---

① 《沪最大涂鸦亮相　意大利画家在 18 米高墙壁绘儿童梦境》，http://sh.eastday.com/m/20160420/u1ai9311368.html

图 12.6　意大利艺术家 Millo 在浦东的巨幅涂鸦作品

长环境，正如 Millo 所说："经过这里的小孩子，也许我可以帮助他们去想像，也许他们今后也会走上艺术这条路"[①]。海派文化具有包容、创新的特质，也相信海派少儿涂鸦 IP 具有培育、成长、发展的可能性与空间。

① 《沪最大涂鸦亮相　意大利画家在 18 米高墙壁绘儿童梦境》，http://sh.eastday.com/m/20160420/u1ai9311368.html

第十三章　海派少儿 APP 及网站发展策略

互联网新媒体几年来突飞猛进地发展，已经改变了人们接受、传播信息的方式，少儿文化传播的技术环境也因此发生了重大变革，尤其是移动媒体开始成为日常生活中的最重要媒介，上海数字技术发展在全国一定的领先地位，专门为少儿服务的新兴媒体成长也比较快，比如在前面章节的论述中，很多经典的海派少儿游戏 IP、影视 IP、动漫 IP 的产生、传播就是基于新兴媒体来发展的。CNNIC 在《中国互联网发展状况统计报告》中指出："截止 2016 年 12 月，中国网民规模达 7.31 亿，手机网民规模达 6.95 亿。并且少儿网民群体正日益壮大"[①]。但是，如今的网络世界过于成人化，适合少年儿童接触的信息以及资源很少，如今就网络中不良信息的传播给少年儿童身心健康带来的负面影响日益受到社会的关注。因此本章的主旨就是提倡建设对海派少年儿童的身心健康发展的网络环境。"网络对儿童的成长而言具有两面性，少儿在日常生活中接触网络，既有利也有弊。网络的好处在于，互联网可以为少儿提供海量的学习资源"[②]，但由于少儿的好奇心往往比较重，他

① 《2016 年中国互联网新闻市场研究报告》，http://www.cnnic.net.cn/hlwfzyj/hlwxzbg/mtbg/201701/t20170111_66401.htm

② 毛慧：《大陆少儿网站与城市儿童使用关系研究》，福建师范大学 2010 年硕士学位论文。

们可以在任何有互联网的地方探索他们所不了解的未知的世界，满足他们的好奇心，通过互联网可以大大开拓儿童的视野，增加他们的知识储备。少儿接触互联网的危害在于，互联网上的信息良莠不齐而且数量巨大，当他们面对这些海量信息时，由于他们对信息真假和良莠的判断能力尚且不足，就会受到不良信息的侵蚀。

随着移动互联网以及移动设备的普及，海派少儿新媒体 IP 也成为一个新兴的品类，当然这是从媒体形态的角度来划分，在具体内容方面，海派少儿新媒体 IP 与之前章节论述的很多内容会存在交叉，比如淘米网这个案例便存在“多元形态”，它属于新兴的少儿网站、是新兴媒体 IP，但是同时又是优秀的海派少儿游戏 IP、海派少儿动漫 IP 的代表。所以本章分析的并不是一个新的 IP 品类，只是换一个角度，从媒体发展形态的角度审视海派少儿 IP 的发展，将其统称为海派少儿新媒体 IP，其中还可以细分，比如基于移动端的海派少儿 APP、基于桌面的海派少儿网站 IP 等。所以，本章取其两个案例，通过海派少儿 APP、海派少儿网站 IP 对海派少儿新媒体 IP 进行概括性地把握。

第一节　海派少儿 APP 的使用现状分析

APP 是 Application 的缩写，指移动互联网时代安装在手机、电脑、PAD 等移动终端设备上的所有应用程序的总称，由于它兼备快捷、多样、方便、简洁等特点深受大众的喜爱，开创了一种全新的阅读形式和发展业态。少儿出版社纷纷加入开发 APP 的大军，为了在这一新领域抢占制高点。早在 2010 年，河北少年儿童出版社便将该社的八大系列畅销书的电子版权授予技术开发商，由开发商研发阅读类 APP，并提供给全球的 iPhone、iPad 用户下载阅读。紧随其后，外文出版社、接力出版社、海燕出版社、长江少年儿童出版社、二十一世纪出版社以不同的方式试水 APP 领域，并取得了一定的成绩。

传统出版社早期是以图书类 APP 的形式进入 APP 领域的。起初传统少儿出版社试水 APP 市场的主要形式是图书类 APP。比如河北少年儿童出版社在 App Store 发布的 36 本畅销图书，华东师范大学出版社发布的少儿经典图书 APP，以及一些民营出版商制作的单行本图书 APP。然而，随着互联网的迅猛发展，人们每天从网络上获取无数的信息，并且获取信息的方式也更加多样化，同质化现象便成为一种不可避免的问题，于是，单一的图书类 APP 就不能够满足受众的需要，在竞争相当激烈的 APP 市场不能拔得头筹。因此，出版社便顺应着潮流，研发针对多样的市场需求开发不同类型的 APP。当前少儿类 APP 主要有以下几种类型：

图书类 APP。图书类 APP 是大部分出版社或民营出版商进入 APP 市场的主要形式。这种出版形式其实与电子书没有本质的差别，只是承载信息的方式由电子阅读器变为移动媒介（手机或平板电脑）。所以当前众多涉猎 APP 应用的出版社大多开发图书类 APP，只是单品种和品种集结有区分。比如外语教学与研究出版社开发的“中国少儿文学 60 年典藏”集结了中国少儿文学 60 年来的许多经典读物。华东师范大学出版社则是单品种 APP 开发的典型代表，主要走单本精品图书的发展路线，基于对社内少儿图书资源利用的基础之上，在一个 APP 里对众多丰富的经典畅销单品种读物进行推广营销。从数字化阅读趋势的发展形势来看，未来图书类 APP 仍然还是出版社开发的 APP 类型的主要模式之一。

教育类 APP。这种类型的 APP 以学习教育为主要内容资源。比如外语教学与研究出版社基于对社内英语教育等资源的整合，开发出关于英语单词教育、双语读物等类型的 APP 应用，打造出线上多语种教育品牌。海燕出版社开发的中国少儿阅读 APP，则着重于对于中国历史故事以及传统文化节日习俗等内容的普及教育。

数字技术的发展渗透在各行各业，也改变了教育行业的发展趋势。鲁伯特·默多克曾感慨：“我们的学校是这场科技革命风暴没能席卷的最后一个角落。”但在现在看来，教育行业在其教育形式和资源表现形式上已经初步显示出业务数字化的迹象。在我国市场上出售的少儿学习机和网络讲师授课

就是教育形式和教育资源的数字化的表现。“中国少先队事业发展中心等单位发布的《第八次中国未成年人互联网运用状况调查报告》(2016 年 1 月)显示，未成年人中使用互联网的人数占总人数的 91%，远高于我国网民的总体触网率”[①]，娱乐游戏、完成作业、查阅资料和放松休闲是他们上网的主要目的。56.4% 的未成年人首次触网年龄在 10 岁以前。由此可以看出，使用网络的群体的年龄日趋低龄化，未成年人接触网络的现象日趋普及化，因此，全民数字化教育是顺应数字时代需求的大势所趋，出版社对儿童教育类 APP 的技术开发就成为潮流所需。

认知培养类 APP。这类 APP 主要是通过与儿童进行互动培养他们认知能力的一种互动型产品，通过电子书的形式配上声音特效和动画效果将低幼绘本和认知类图书资源呈现出来，这类 APP 的特别在于其中还增加了与儿童的互动功能，很大程度上增加了儿童对于阅读的兴趣，利用多媒体与儿童进行互动，不仅使阅读过程充满新鲜感还大大提升了儿童的阅读体验。铁皮人科技转战 APP 市场最先推出的一款童书 APP——小鸡叫叫是认知培养类 APP 的典型代表。这个系列 APP 产品已有 60 多款，以绘本和知识百科为主，主打“小鸡叫叫”形象，有专门的故事讲读，还为小鸡增加了音效，形成了“叫叫学乐园”品牌。产品上市后反响不错，每日下载量有上千次，出品第三天就冲到美国市场排行榜榜首。海燕出版社与第三方 Rye 香港公司联合开发了 20 本互动少儿有声读物，也是以有声和互动的特点取胜，给读者提供纸质阅读无法获得的视听体验。其在 App Store 上总下载量超过 10 万次，总收入超过 4500 美元。

游戏益智类 APP。游戏类 APP 是当下 APP 应用的主要类型，由于其兼备游戏与智力开发的功能于一体，因此深受少儿的喜爱。游戏益智类 APP 就是让少年通过做游戏的形式来学习知识，并且有开发智力的作用，最大的特点就是寓教于乐。接力出版社开发的多媒体互动体验版童书 APP“瓢虫”

① 《中国未成年人使用互联网比例逾九成》，http://news.cntv.cn/2016/01/07/ARTI2UsCwuRIH5hYlOwQ24zW160107.shtml

和“森林”一上市便受到好评，获得苹果商店分类榜排名第三的好成绩。

综合类 APP。这类 APP 是集育儿教育、信息咨询、阅读指导、童书阅读等多种功能于一体的“集成型”童书 APP。比如二十一世纪出版社出版的爱童书 APP，基于对二十一世纪出版社优质的童书出版资源的充分利用，不但为读者提供基础图书书目和畅销图书书目，而且建立了丰富、专业的绘本课程教学资源库和儿童阅读指引资源库，融阅读、教育、游戏等功能为一体。

第二节 海派少儿网站 IP 的发展现状以及策略

近年来数字技术和互联网的普及和发展使得我国少儿网民的数量规模不断扩大，可以说互联网已经成为少年儿童生活中必不可少的一部分。“少儿网站属于综合性网站的类型之一，是特指专门服务于 0~18 岁年龄段的少年儿童群体，网站内容包括教育类、资讯类、益智类等各个方面的综合性网站”①，然而，我们必须意识到互联网在少年儿童的身心健康发展过程中起到的有利及有害的影响。现如今的少年儿童在成长过程中深受当下网络环境的影响，他们的思想观念与纸质时代的人们大有不同。同时，在如今这个纷繁复杂的互联网环境中，少年儿童网站所占的比例少之又少，成人及商业网站占据着绝大多数的网络空间，所以我们要尽可能的开辟出适合少年儿童身心健康发展的少儿网站，这项任务可以称作是一种社会责任，同时也需要国家及相关部门的重视与支持。维护他们的精神世界就成为一项具有社会责任感的事业，于是少儿网站应运而生。本章节提出了少儿网站的定义和分类，对少儿网站的发展现状进行了简要的概括梳理，最后就少儿网站现如今存在的问题，提出了相应的解决办法和发展策略。

---

① 韦晶星：《我国少儿网站的现状及其发展策略》，河海大学 2005 年硕士学位论文。

如今从总体网站发展的类型来看，少儿网站在其数量以及规模上相较于其他成人和商业网站都较小，再加上我国少儿网站上发布的内容质量也是良莠不齐，因此少儿网站的发展现状不容乐观。其中有些网站上的内容寓教于乐，给青少年的生活带来有益的内容资讯，同时少年儿童可以通过一些小游戏在学习之余得到放松休息，但有些网站为了获取利益则走向泛娱乐化的低层次方向，有些网站内容过于侧重于教育性，较为死板缺乏生机。目前国家高度重视少儿网站的建设、规范问题，相关部门也在积极探索有效的管理方式，很多问题与乱象已经得到治理，应该对少儿网站相关 IP 的培育、发展充满信心。

少儿通过少儿网站来获取信息、休闲娱乐等，而且可以通过与他人的社会互动中实现情感需求、学习需求等。大数据时代，少儿网站可以通过对少儿内容选择的偏好向他们推送相关的学习资料、课程辅导、休闲娱乐等内容。当他们在少儿网站上获取到符合自身需求的内容时就能够获得最大程度的满足和身心的愉悦。

一、我国少儿网站的发展现状

1. 我国少儿网站数量稀少

如今在少年儿童的日常生活中互联网已经成为他们与世界接触的不可替代的新兴媒介，占据着很重要的位置。少儿网站为少儿的身心健康发展在互联网的世界里开辟了一方“净土”。比如，“乐儿少儿导航”是我国符合少年儿童需求的较为成功网站导航，通过使用“乐儿少儿导航”可以指导少年儿童值得关注哪些有益的网站和内容。根据这个网站上所显示的信息可以统计出美国大约有六百个少年儿童网站，这个数量是当前中国少儿网站的八倍。然而我们可以看到，在中国，少年儿童数量的比例是相当大的，加上我国 iPad 和移动手机的普及率高，少年儿童对于互联网的接触频率是很频繁的，因此我国少年儿童对于健康使用互联网的需求也不容小觑。但目前我国少儿网站的整体发展状况远远滞后与少年儿童网民的需求。因此，优质的少儿网站的匮乏与日益壮大的少儿受众群体两者之间形成了强烈的现实冲突，为此我国要重视高质量少儿网站的开发与建设。

2. 少儿受众内容的取舍方面存在分化现象

我国少儿网站的类型和内容主题多种多样，其中主要包括综合类、知识信息类、益智游戏类、教育实用类等。少儿受众在对网站内容以及类型的偏好方面存在较为明显的分化现象，其中我国少年儿童更偏好于益智游戏类以及知识信息类的少年儿童网站，相对的其他类型的少儿网站对他们的吸引力就占比很小。

3. 内容更新周期过长，时效性差

我们生活在信息社会中，信息已经成为一种社会资源。同时受众对于信息的时效性需求是极其旺盛的。受众每天会接触到大量的信息，因此信息的更新速度对于网站的发展至关重要。网站内容更新周期短，时效性强才能在抢夺受众的大战中占据有利地位。滚动更新是网络媒体的信息发布的主要形式，真正做到对实时发生的信息的同步“直播”。就少儿网站而言，由于少年儿童受到学习时间的限制，能够接触网络的时间相对成年人大大减少，因此，要想吸引他们短时间的注意力就必须注重少儿网站信息更新的即时性。然而我国的少儿网站在网站信息更新的即时性方面做的并不突出，许多少儿网站上的内容信息不能得到及时更新的现象较为常见。这也是少年儿童的需求不能在少儿网站里得到满足转而受到其他不良网站吸引的原因之一。

二、我国少儿网站传播效果的提升对策探究

提高少儿网站传播者的素质可以从以下几个方面入手。

1. 重视维护少儿的话语权和信息选择权

有学者和社会舆论建议将少儿享有的话语权和信息选择权从成人的手中还给少年儿童。例如借鉴俄罗斯名牌新闻栏目《那儿有新消息》的制作就是完全由少儿操刀完成。在对在我国少儿网站的建设方面，我们可以将网站内容的选择和界面设计交给少年儿童群体来进行策划，这样不仅能培养出优秀的少儿记者、编辑，锻炼他们的创新能力，而且还可以使网站的内容等更迎合少儿的需求。尤其是在网站信息的选择方面，成年的网络传播者应该多多搜集和调查少年儿童的心声。

2. 进一步细分受众，创新内容与形式

目前中国的少儿网站以综合类居多，网站细分程度较低，而且内容同质化现象严重，纷乱冗杂的网站内容使少年儿童受众的兴趣培养以及个性化阅读的选择受到限制。现如今，受众的个性化需求日益明显，少儿网民亦是如此，分众传播对于少儿网站吸引少儿受众来说是极为重要因素之一。因此，少儿网站应放弃以往综合性无针对性的传播形式，根据受众的需求专注于一个或较少的几个领域为少儿受众提供服务，进行少儿网站的类型细分，进一步在原有资源的基础上创新网站的内容与形式，创办具有自身特色的少儿网站。

3. 推动少儿网站 IP 形式的进化

聊天室是我国最早兴起的网络聊天工具，少儿网民也会进入少儿网站的聊天室相互交流。少年儿童可以在其中学习知识、交流感情，可以互相倾诉成长中的喜怒哀乐，聊天室中的少儿网民在这个虚拟社区里实现了实时交流共同成长。益智游戏类，在这类少儿网站中少儿网民可以获得身心的娱乐放松，同时通过这些小游戏还可以起到开发智力、结交朋友的作用。

少儿网站的论坛主要板块设置风格不同，关注的主题也各不相同。少儿网站论坛的内容大部分都是深受少年儿童喜爱的积极健康的信息。笔者通过网站内容风格的统计将少儿网站分为以下几种类型：休闲益智类、生活学习

类、心理健康类、实用类等。比如，中青网和中少在线设置了“校园生活”板块。这一板块对少儿网民的吸引相对于其他板块更受欢迎。上海少儿信息港属于实用类的少儿网站，在这个网站上可以检索到少儿图书馆的馆藏信息，少儿可以在此网站上进行网上续借、网上索书等操作，给青少年的生活学习带来便利。在实用功能的基础上还设置了“成语故事”“视频平台”“读书活动”等板块，少儿网民可以从这些板块中获取许多有趣的网站动态，同时少儿网民还可以在评论区于其他小网民进行实时互动，分享学习心得，网站可以从中获得小网民的意见反馈。少儿网站将少儿网民的意见收集上来并且相应的对网站内容做出及时的调整，不仅解决少儿网民提出的问题，他们还可以根据网站的最新告知及时对自己的网上行为做出相应的调整。这种可以与少儿网民沟通交流的渠道可以对网站环境起到监督的作用。

少儿网民可以通过 QQ、微博、微信等社交媒体发布个人信息。多数的少年网民将微博当作抒发自己情感的日记本。而且通过微博实时更新的资讯获取最新的信息。比如将学习生活中遇到的烦恼、青春期情感的懵懂等情绪通过自己的方式在社交媒体平台上发布出来，他的好友可以从这一渠道获取关于他的信息，以此促进彼此的相互了解。从少儿成长的角度出发，根据他们的切身需求、心理阶段来设计网站，为少儿创造良好的网络环境是这个网络时代下帮助我国少年儿童身心健康发展的必要途径。

三、海派少儿网站的生存及 IP 发展策略

1. 打造垂直 IP 网站，在精准化传播的基础上提升占有率

“垂直网站就是专注于在某些特定的领域或某种特定的需求，提供有关这个领域或需求的全部深度信息和相关服务，垂直网站正引起越来越多人的关注，分众传播时代已经登上历史舞台”[①]。目前中国的少儿网站以综合类居

① 韦晶星：《我国少儿网站的现状及其发展策略》，河海大学 2005 年硕士学位论文。

多，网站细分程度较低，而且内容同质化现象严重，纷乱冗杂的网站内容使少年儿童受众的兴趣培养以及个性化阅读的选择受到限制。现如今，受众的个性化需求日益明显，少儿网民亦是如此，分众传播对于少儿网站吸引少儿受众来说是极为重要因素之一。因此，少儿网站应放弃以往综合性无针对的传播形式，根据受众的需求专注于一个或较少的几个领域为少儿受众提供服务，进行少儿网站的类型细分，进一步在原有资源的基础上创新网站的内容与形式，创办具有自身特色的少儿网站。

2. 优化少儿网站 IP 内容，以内容带动影响力

"拥有健康积极向上的网站内容是少儿网站吸引少儿受众的首要条件"[①]，少儿网站 IP 应当在内容生产环节进行严格把关，这是少儿网站肩负的社会责任的要求。我国未成年不允许进入网吧，因此少年儿童大多数情况下是在家里接触网络，家里的成年人会对他们浏览的网站进行监管，在这样的社会背景下，那些不健康的少儿网站的受众会少之又少，同时也会受到政府的管控，因此，少儿网站要为少年儿童提供健康个性的内容才是正道。

同时以活动为载体，也是少儿网站吸引青少年积极参与网站活动，提高网站的活跃度，对少年儿童加强思想道德建设的重要形式。例如少儿信息港网站会时常开展线上与线下结合的丰富多样的活动吸引少年儿童的积极参与，开发他们参与活动、与人交流的积极性。例如此网站第三届"亲子朗读声音档案大征集"活动是通过上海少年儿童图书馆网站和微信、国内知名亲子阅读微信公众平台"魔法童书会"、喜马拉雅和荔枝网络电台等多媒体平台播出，并在 2017 年上海书展（8 月）和 2017 年上海国际童书展（11 月）上展演展示。利用线上与线下结合的方式提高了少儿的参与积极性，此次活动还要求全家总动员，可以是爸爸或妈妈和孩子一起朗读，也可以是祖孙一起朗读，也可以是全家一起分角色朗读，让他们找到一个无人打扰的安静环

① 毛慧：《大陆少儿网站与城市儿童使用关系研究》，福建师范大学 2010 年硕士学位论文。

境，准备一台可以录音的电脑、手机或录音笔。放松心情，把故事一段段去朗读，这样轻松全家动员的形式为他们紧张的学习生活增添了生机，拓展了他们自身的素质，缓解了学习过程中带来的压抑。

结　语

少儿文化产业在当下的文化传媒市场转型发展中占有重要地位，IP 化经营是文化产业的前沿理念，两者的结合是市场发展的必然要求。上海市少儿文化产业具有比较雄厚的基础，文化传媒 IP 化经营的经典案例也比较集中，而且具备上述创新发展思路所具备的文化、资本、技术、传媒、市场等条件，能否在抓住 IP 化发展契机的前提下，把上海市各种优势资源有效利用，对少儿文化产业的发展至关重要。

在上海市少儿文化产业发展过程中，形成了比较鲜明的“海派风格”，传承与发扬海派文化“海纳百川”的精神，面向未来做着各种创新探索与努力。在本书的分析中，基于上海市少儿文化产业发展的现状、特点、问题、条件、策略的思路，对文学、戏剧、影视、动漫、园区、培训、涂鸦等多个不同的少儿文化类型进行 IP 化的分析探讨。在写作中，将其统称为“海派少儿 IP”，将每一个具体的门类界定为“海派少儿文学 IP”“海派少儿影视 IP”“海派少儿动漫 IP”“海派少儿文化园区 IP”等，从严格的学术意义上讲，这样的表述或许存在一定的不严谨成分，但是为了呼吁文化传媒业界与研究者更多地关注少儿文化产业“海派”品格的培育和打造、思考 IP 化发展的策略，所以本书仍然采用“海派少儿 IP”的表述方式和研究思路。虽然研究团队的水平有限，研究时间比较紧张，在很多方面未能够深入展开，但是课题组希望通过本书能够给关注、从事相关问题的各界人士以借鉴，也希望能够通过交流来吸引更多人士参与到海派少儿文化 IP 的研究当中，共同为这一领域的发展贡献微薄之力。

参考文献

书籍:

[1] 钱穆. 中国文化史导论 [M]. 北京:商务印书馆, 1994.

[2] 花建. 产业界面上的文化之舞 [M]. 上海:上海人民出版社, 2001.

[3] 欧阳友权. 文化产业概论 [M]. 长沙:湖南人民出版社, 2007.

[4] 王泉根. 中国幻想儿童文学与文化产业研究 [M]. 大连:大连出版社出版时间, 2014:9.

[5] 齐亚敏. 中国当代小说中的少儿文化研究 [M]. 北京:经济科学出版社, 2016:6.

[6] 郑素华. 少儿文化引论 [M]. 北京:社会科学文献出版社, 2015:10.

[7] 陈绪石, 海派文学与中国传统文化 [M]. 杭州:浙江大学出版社, 2012:3.

[8] 杨扬. 海派文化丛书—海派文学 [M]. 上海:文汇出版社, 2008:8.

[9] 李俊国. 都市审美:海派文学叙事方式研究 [M]. 北京:中国社会科学出版社, 2015:2.

[10] 计敏. 任德耀与上海儿童剧创作 [M]. 上海:上海书店出版社, 2014:3.

期刊：

[1] 杨延丽，郭雪，黄子轩．少儿文化产业定义初探[J]．新余高专学报，2009（10）.

[2] 裘指挥．理解少儿文化[J]．学前教育研究，2008（10）.

[3] 朱超，梁亚军，熊长芳．浅谈网站的推广策划[J]．化学工业与工程技术，2007（S1）.

[4] 李叶叶．少儿文化产业的发展策略研究[J]．哈尔滨职业技术学院学报，2011（9）.

[5] 申红彬，王龙．市场营销中的品牌战略研究[J]．中小企业管理与科技（上旬刊），2010（12）.

[6] 李运祥．文化产业链的培育与优化研究——以湖南为例[J]．中国集体经济，2009（2）（上）.

[7] 王俞波．浅谈文化产业链的开发与设计——以〈百家讲坛〉为分析个案[J]．世纪桥，2008（6）.

[8] 黄云姬．我国少儿文学图书出版现状及思考——基于 2009—2014 年儿童图书出版统计数据的分析[J]．出版科学，2016（1）.

[9] 李蓉梅．少儿文学四种主要文体的艺术特征[J]．湖南科技学院学报，2006（9）.

[10] 王利平．浅谈童话和寓言的教学方法[J]．快乐阅读，2012（1）.

[11] 刘剑平．浅析现代童话幻想没的艺术特征[J]．淮海工学院学报，2012（9）.

[12] 彭斯远．论童话艺术特征[J]．重庆广播电视大学学报，2000（4）.

[13] 李娟．多媒体时代少儿文学在儿童道德教育中面临的问题和出路[J]．昆明师范高等专科学校学报，2007（6）.

[14] 武琼．浅谈如何提高中国电视少儿节目的收视率[J]．价值工程，2012（7）.

[15] 杜肇铭，黄坚．动漫主题、形象与衍生产品开发的互动机制研究[J]．文艺争鸣，2011（2）.

［16］徐福荫，付俊．少儿电视频道与动漫产业融合发展的模式［J］．电化教育研究，2014（1）．

［17］张波．试析中国动漫的少儿化倾向［J］．现代视听，2010（11）．

［18］陈丽红．浅析“大耳朵图图”之形象设计［J］．戏剧之家，2014（12）．

［19］盘剑．中国动漫产业目前存在的四大问题［J］．中国美术馆，2010-4-20.

［20］陈如凤．浅谈中国动漫产业的现状及对策［J］．现代经济信息，2015-4-8.

［21］动漫市场破千亿　未来充满想象［J］．玩具世界，2016（4）．

［22］段弘．以儿童绘本为例看少儿出版中存在的问题及对策［J］．出版广角，2013（4）．

［23］宁圣红．当图书馆遭遇儿童绘本［J］．考试周刊，2012-1-27.

［24］丁文武．净化网络游戏环境　保障青少年健康成长［J］．北京邮电大学学报（社会科学版），2005（12）．

［25］魏玉山．第十三次全国国民阅读调查主要发现［J］．出版参考，2016（5）．

［26］孙鹏飞．图书馆未成年人阅读推广探析［J］．图书情报导刊，2017（2）．

［27］张莉．论童话中的幻想美［J］．雁北师范学院学报，2004（8）．

［28］瑚小雪．“微时代”公共图书馆全民阅读推广服务创新研究，图书馆界，2016（12）．

［29］张莉．论童话中的幻想美［J］．雁北师范学院学报，2004（8）．

［30］曹丽娟．注重品牌建设，繁荣青少年校外艺术文化教育活动刻不容缓——二届“少儿达人 Show”活动的启示［J］．中国校外教育，2012（8）．

［31］宛可欣．淘最上海节目编排特色及优势条件探析［J］．东南传播，2012（6）．

［32］肖林．上海迈向全球城市的战略路径［J］．全球化，2013（2）．

[33] 姜华 . 我国少儿电视频道和节目的发展现状及其应对策略 [J]. 中国电视，2014（2）.

[34] 宋奇洋 . 浅析我国少儿电视节目现状及发展趋势 [J]. 东北电力大学学报，2012（8）.

[35] 贺志强，张悠南 . 创办一档少儿节目的 SWOT 分析 [J]. 华章，2012（5）.

[36] 徐明亮 . 我国卡通品牌延伸研究 [J]. 中国商界（上半月），2010（11）.

[37] 李惠娟 . 中职动漫专业建设的现状与思考 [J]. 湖南科技学院学报，2012（7）.

[38] 贾琼，于峥 . 思考动画剧本的改编之路 [J]. 设计，2015（12）.

[39] 陈新 . 动画衍生产品中服饰的开发设计 [J]. 文教资料，2012（11）.

[40] 王旭辉 . 技术视角的传统出版改革与发展 [J]. 传播与版权，2014（1）.

[41] 张祥合，王丹 . 数字出版的概念、特征及相关技术分析 [J]. 长春师范学院学报（人文社会科学版），2013（9）.

[42] 郭静 . 数字出版对高职院校学报发展的影响 [J]. 成才之路，2014（7）.

[43] 刘瑾 . 避免政策扶持上的“马太效应”——对上海游戏产业发展政策取向的若干思考 [J]. 华东科技，2012（8）.

[44] 解学芳 . 基于网络游戏的文化软生产集聚与文化空间重塑——以上海为例 [J]. 同济大学学报（社会科学版），2015（6）.

[45] 赵菁 . 我国教育培训产业政策环境分析 [J]. 现代经济信息，2013（2）.

[46] 赵菁 . 天津教育培训产业政策环境及发展建议 [J]. 环渤海经济瞭望，2013（2）.

[47] 吴卉连 . 少儿培训市场发展策略研究——以福建省为例 [J]. 济南职业学院学报，2015（8）.

硕博论文：

［1］赵星．我国文化产业集聚的动力机制研究［D/OL］．南京：南京师范大学，2014年博士论文．

［2］欧阳捷．少年少儿文化产业发展战略研究［D/OL］．湘潭：湘潭大学，2015年硕士论文．

［3］孟昌．基于SWOT分析的我国少儿图书出版的发展战略研究［D/OL］．长沙：湖南师范大学，2008年硕士论文．

［4］陈晴．浅论中国当代儿童戏剧发展及策略［D/OL］．上海：上海师范大学，2013年硕士论文．

［5］李翔宇．新媒体语境下的动漫品牌建设［D/OL］．济南：山东大学，2013年硕士论文．

［6］彭保林．中国原创动漫与青少年价值观培养［D/OL］．武汉：湖北大学，2016年硕士论文．

［7］高超．上海纪实频道的发展模式研究［D/OL］．济南：山东师范大学，2010硕士论文．

［8］潘慧娇．戏剧文学的多元解读与中学语文教学［D/OL］．武汉：华中师范大学，2014硕士论文。

［9］张晔．动漫产业竞争力国际比较研究［D/OL］．上海：东华大学，2011硕士论文．

［10］付倩倩．产业链视角下的国内少儿出版发展策略研究［D/OL］．合肥：安徽大学，2012硕士论文．

［11］金霄．数字游戏中虚拟现实技术运用探索［D/OL］．南京：南京艺术学院，2016硕士论文．

［12］徐军．我国青少年网络成瘾政府干预作用研究［D/OL］．上海：华东师范大学，2007硕士论文．

［13］李宇鹏．网络广告定价影响因素的结构分析［D/OL］．长春：吉林大学，2009硕士论文．

［14］毛慧．大陆少儿网站与城市儿童使用关系研究［D/OL］．福州：福建师范大学，2010 硕士论文．

报纸：

［1］昭明．上海发布三年行动计划　海派动漫提速有待金融“输血”［N］．上海证券报，2013-7-12.

［2］丁鑫．动漫产业的春天正在到来［N］．证券日报，2011-11-17.

［3］邹银娣．流量至上还是孵化 IP　资本助推下动漫产业的路线之争［N］．时代周报．

［4］李学谦．把握新趋势　发力走出去［N］．中国新闻出版广电报，2017-03-22.

［5］李君娜．动漫游戏产业，“上海制造”领跑［N］．解放日报，2013-07-12.

［6］张权伟．童年，别被游戏占据［N］．陕西日报，2017-04-07.

［7］中国网游路还长［N］．每周电脑报，2004-06-30.

［8］肖玉玲．网络游戏的中国化之路［N］．通信信息报，2003-10-15。

［9］陈振宇．网络游戏出版：顺水行舟风向如何？［N］. 中国新闻出版报，2004-02-23.

［10］苟超旖．中国网络游戏市场中 IP“泛娱乐”的现状及前景展望［N］．数码世界，2017-01-01.

［11］国家中长期教育改革和发展规划纲要（2010—2020 年）［N］．人民日报，2010-07-30.

［12］吴蔚．标准化，培训教育连锁企业之痛［N］．人民政协报，2007-04-11.

［13］王怡．海外资本深入少儿培训市场［N］．商务时报，2008-10-18.

网络资料：

[1] 第十三次全国国民阅读调查数据在京发布［EB/OL］. http://cips.chinapublish.com.cn/kybm/cbyjs/cgzs/201604/t20160419_173 544.html.

[2] 上海电视台哈哈少儿频道——电视频道［EB/OL］. http://outdoor.cnad.com/tv/htmlurl/31.html.

[3] 东方电影电视台广告价格［EB/OL］. http://blog.sina.com.cn/s/blog_15686c85f0102wff7.html.

[4] "十二五"规划助力　动漫产业春天正在到来［EB/OL］. http://www.ce.cn/culture/whcyk/gundong/201111/17/t20111117_2284589 2.shtml.

[5] 少儿图书别老打"三个主意"［EB/OL］.http: //blog.sina.com.cn/s/blog_e358bcb30101d45i.html.

[6] 进击的下一代！ 00后游戏用户报告［EB/OL］. http://mp.weixin.qq.com/s?__biz=MzA3MDQ4MzQzMg==&mid=417547354&idx=3&sn=f7f19bc434074222b480285a71262239#rd.

[7] 小众IP或将走红 2016游戏行业趋势深度预测［EB/OL］. http://mp.weixin.qq.com/s?__biz=MjM5MzAzMDUwMA==&mid=403954577&idx=4&sn=af9bdc588c4d7fb1b744a65810e04587#rd.

[8] 中国网络游戏所面对的机遇和挑战［EB/OL］. http://www.4oa.com/bggw/sort02910/sort03087/sort03127/210042.html.

[9] 2016上半年游戏行业大事件：资本变动超1655亿元［EB/OL］. http://game.donews.com/201607/2933515.shtm.

[10] 瑞思获3000万投资，海外资本深入少儿培训市场［EB/OL］. http://blog.sina.com.cn/s/blog_5cf144230100bdq7.html.

后 记

本书为课题组集体劳动的成果，因为参与写作和负责资料搜集、整理的人员较多，无法在书籍封面上一一列出，特在后记中说明，并向参与写作、提供帮助的各位老师、同学表达深深谢意。本书整体框架、篇章结构、三级提纲编写、第十二章的写作、通稿修改等由刘峰负责，上海外国语大学贤达学院易贤恒老师参与第一章《海派少儿 IP 发展概论》和第三章《海派少儿戏剧 IP 发展策略》的写作，上海理工大学出版学院研究生唐梦琳负责第二章《海派少儿文学 IP 发展策略》的写作，上海理工大学出版学院研究生张晓凯负责第四章《海派少儿电影 IP 发展策略》的写作，上海理工大学出版学院研究生汪雨参与第五章《海派少儿电视 IP 发展策略》的写作，上海理工大学出版学院研究生陶亚亚负责第六章《海派少儿动漫 IP 发展策略》的写作，山东女子学院邹阳阳老师参与第七章《海派少儿出版 IP 发展策略》的写作，上海理工大学毕莉明老师参与第八章《海派少儿游戏 IP 发展策略》的写作，上海理工大学出版学院研究生刘红艳负责第九章《海派少儿文化园区 IP 发展策略》的写作，华东师范大学王文洁参与第十章《海派少儿培训 IP 发展策略》的写作，上海理工大学出版学院研究生田园负责第十一章《海派少儿活动 IP 发展策略》的写作，上海理工大学出版学院研究生孙智清参与第十三章《海派少儿 APP 及网站发展策略》的写作。此外，上海理工大学出版学院的郁黄婕、蔡雯婷、钱丽雯、杨敏、谌禹静等几位研究生同学，上海理工大学徐海朋老师、巢湖学院的毛莎莎老师、上海广播电视台罗欣都为本书的文献整理、资料分析做出了大量贡献，特此致谢。

本书的写作和出版得到了春耕文化艺术交流（上海）有限公司的全力支持，董事长刘春荣女士多年来致力于海派少儿文化事业的发展，挖掘、培养各种类型的编剧、表演、主持人才，推出了多部经典儿童剧。在纷繁、复杂、浮躁的文化市场当中，刘总能够定位春耕为少儿文化产业的开拓者，不为单纯的盈利目的而迎合市场趣味，踏实打磨具有海派文化品格与童真童趣的文化精品，这正是当下文化从业者所需要的态度。春耕文化艺术交流（上海）有限公司的青年编剧、演员汪菲为本书的策划人，书中提到的多个案例如《水果家族》《蔬菜家族》等均由汪菲编剧和主演，春耕公司多年来在儿童剧剧本创作、舞台演出、少儿培训、文化园区运营、儿童音乐节、高端少儿影视论坛举办、少儿影视投资与拍摄方面进行了大量探索与尝试，对海派少儿 IP 原创与运营积累了丰富经验，从文化实践中提炼出 IP 运营这样一个热点课题，并且用大量案例支撑书稿的调研与写作，为本书的顺利出版提供了很大帮助。在此对春耕文化艺术交流（上海）有限公司对本书的支持表示衷心感谢。

IP 运营是当下文化、传媒产业的热点，需要在探索中不断前行，海派少儿文化 IP 的创新发展是这一领域的典型代表。上海少儿文化产业具有良好的发展环境，为海派少儿 IP 的培育和发展提供了基础条件，我们相信会有越来越多的的精品 IP 涌现出来，也会持续关注这一领域的进展。基于现状分析的实践性、对策性路径分析是本书追求的目标，但因为课题组水平有限、研究时间比较紧张，本书中肯定有很多需要继续深化和完善之处，也希望关注这一领域的各界人士多多提出宝贵意见。

刘峰
2017 年 7 月
写于汶水路高架桥下